Georg Andreas Will, Jan Luiken, Caspar Luiken, Christoph Weigel

Die Grösse und Mannigfaltigkeit in den Reichen der Natur und Sitten

Nach der Absicht des Schöpfers von je her verbunden und hier in hundert feinen Kupferstichen und soviel physischen und moralischen Schilderungen nach neuem Geschmack vorgestellt

Georg Andreas Will, Jan Luiken, Caspar Luiken, Christoph Weigel

Die Grösse und Mannigfaltigkeit in den Reichen der Natur und Sitten
Nach der Absicht des Schöpfers von je her verbunden und hier in hundert feinen Kupferstichen und soviel phÿsischen und moralischen Schilderungen nach neuem Geschmack vorgestellt

ISBN/EAN: 9783743423121

Hergestellt in Europa, USA, Kanada, Australien, Japan

Cover: Foto ©ninafisch / pixelio.de

Weitere Bücher finden Sie auf **www.hansebooks.com**

Die Grösse und Mannigfaltigkeit in den Reichen der Natür und Sitten,

nach der Absicht des Schöpfers
von je her verbunden
und hier
in hundert feinen Kunststücken
und so viel physischen und moralischen
Schilderungen nach eigenem Geschmack
vorgestellt und erläutert,
Jedermann zum Nutzen,
jungen Dichtern, Malern und Künstlern
aber zum besondern Vortheil
herausgegeben
und zu haben in
des ältern Christoph Weigels Kunsthl.
in Nürnberg.

Vorrede.

Man hat die bisherige Ausgabe der einzelnen Theile dieses nun geschloßnen Werkgens nicht ohne Beyfall aufgenommen: wir schmeicheln uns also nicht unbillig mit der Hoffnung, daß diese Ehre auch dem Ganzen zu Theil werde. Es wird kein Geheimniß daraus gemacht, wie sich unverständige Neider des Verlags müssen eingebildet haben, daß die Kupfer zu diesem Werkgen schon lange gestochen, in der Officin des Verlegers vorhanden gewesen und schon auf andere Art gebraucht worden sind: noch weniger ist es ein Betrug, mit dem man etwann das Publicum hintergehen will, wenn man zu diesen schönen Kupfern, die mehr werth sind, als daß sie in der Finsterniß liegen bleiben sollten, einen ganz neu ausgearbeiteten Text liefert, der seine mannichfaltige Brauchbarkeit haben wird.

Wir wollen ganz deutlich und offenherzig von der Sache reden. Ein jeder verständiger Liebhaber muß aus dem gar geringen und billigen Preiß der bisher ausgegebenen Bögen, zu welchen man so schönes und großes Papier genommen hat, von selbsten schließen, es sey nicht möglich, daß die Kupferplatten erst neu dazu wären gestochen worden. Wie würde man die darauf gewandten Kosten heraus bringen können? Die Kupfer waren also schon da; Christoph Weigels vortrefliche Hand lieferte sie, und **P. Abraham von St. Clara** hat sein **Huy und Pfuy der Welt** dazu geschrieben, ein anderer aber solche unter dem Titel der Ethicae Naturalis blos mit fünf lateinischen Distichis, die unter jedes Kupfer gesetzt waren, herausgegeben. Die sonst so beliebte Schreibart des **P. Abrahams** ist nicht mehr nach dem Geschmack der heutzutage viel aufgeklärtern Welt; die kleinere Ausgabe aber mit den wenigen lateinischen Versen fand weder Beyfall noch Abgang. Die Sprache verstund nicht jedermann, und die Erläuterung war, obwol nicht allezeit unglücklich, sondern manchmal vorzüglich gut, doch kurz und nicht hinlänglich. Der Verleger entschloß sich also, der Sache eine ganz andere Gestalt zu geben, und mit diesen seinen Verlagskupfern sich und der Welt einen bessern Nutzen zu verschaffen. Man sage ohne Leidenschaft, ob diese Absicht zu tadeln, und ob die Ausführung nicht glücklich gerathen sey?

In

In dem Texte, oder den neuen Erläuterungen der Kupfer, herrscht weder ein verdobner, noch übertriebener Geschmack. Ein rednerisch poetischer Ton, der manchmal und gewiß nicht zur Unzeit in die Satyre fällt, soll die Aufmerksamkeit und Rührung der Leser befördern, die eingemischten Stellen aus guten deutschen Dichtern sollen vergnügen, und man soll aus diesen Blättern, die nichts anders, als physisch-moralische Schilderungen sind, **die Grösse und Mannichfaltigkeit in den Reichen der Natur und Sitten**, die nach der Absicht des Schöpfers von je her verbunden sind, erkennen. Für jedermann also, der denken will, der die Ehre GOttes verherrlichen, der Natur, Welt und Sitten erforschen, der sich vergnügen und bessern will, sind diese Blätter geschrieben. Den unmittelbarsten Nutzen mögen sie jungen angehenden Dichtern und Rednern, Mahlern und andern Künstlern verschaffen. Die ersten können Stoff zur poetischen Erfindung, zur rührenden Rede und zur geistreichen Ode daraus nehmen. Die andern können die Kupfer zum nachzeichnen, und die Schilderungen so wol zum Verständniß der Sache, die sie bearbeiten, als zu neuen Rissen gebrauchen. In der Schule, oder wenigstens bey Privat-Unterweisungen, läßt sich bequem und nützlich über diese Aufsätze lehren, und es ist solches bereits glücklich versucht worden. Man kan nicht nur einen großen Theil der Natur- und Sittenlehre dabey erklären, nicht

nur

nur die Regeln der Schönheit, der Zeichnung, der Redekunst, der Dichtkunst, und den Unterschied der poetischen Schreibart von der trocknen Prose aufsuchen; nicht nur manchmal in die Geschichte, in die Mythologie übergehen, sondern auch selbst Lehren der göttlichen Offenbahrung mit vortragen, als aus welcher erhabne große Gedanken, Gleichniße und rührende Beyspiele hin und wieder angebracht sind. Etwann liesen sich auch Uebersetzungen in andere Sprachen versuchen. Genug, wir sind überzeugt, daß wir weder Mühe noch Kosten scheuten, Personen von allerley Art und Alter ein feines und brauchbares Buch in die Hände zu liefern, und ihrem Geist und Herzen sowol, als den Augen Nahrung damit zu verschaffen.

Es kan der Welt gleichgültig seyn, ob sie den Verfasser der neuen Schilderungen kennt, oder nicht. Er will sich weder durch dieselben berühmt machen, noch glauben, daß er das Buch durch Vorsetzung seines Namens schmücke.

Geschrieben den 19. April 1766.

Vor-

Vorstellung und Innhalt

der Hundert Kupfer

und eben

so vieler physisch = moralischer Schilderungen.

I. Die Sonne.
II. Der Mond.
III. Die Sterne.
IV. Das Feuer.
V. Die Luft.
VI. Das Wasser.
VII. Die Erde.
VIII. Die Wolken.
IX. Der Regen.
X. Der Hagel.
XI. Der Schnee.
XII. Der Donner.
XIII. Der Regenbogen.
XIV. Der Wind.
XV. Die Berge.
XVI. Das Thal.
XVII. Die Hügel.
XIIX. Die Höhlen.
XIX. Die Wüste.
XX. Die Wiese.
XXI. Das Feld.
XXII. Der Weg.
XXIII. Der Acker.
XXIV. Der Stein.
XXV. Der Weinstock.
XXVI. Der Baum.
XXVII. Die Blumen.
XXIIX. Die Kräuter.
XXIX. Der Thau.
XXX. Der Bach.
XXXI. Der Springbrunnen.
XXXII. Der Fluß.
XXXIII. Der Wasserfall.
XXXIV. Der Sumpf.
XXXV. Der Wald.
XXXVI. Der Sand.
XXXVII. Das Ufer und der Haven.
XXXIIX. Das Meer.
XXXIX. Die Klippen.
XL. Die Metalle.
XLI. Die Edelsteine.
XLII. Die Perle.
XLIII. Der Morgen.
XLIV. Der Mittag.
XLV. Der Abend.
XLVI. Die Mitternacht.
XLVII. Der Frühling.
XLIIX. Der Sommer.
XLIX. Der Herbst.
L. Der Winter.
LI. Das Eis.
LII. Das heitere Wetter.
LIII. Der Wirbelwind.
LIV. Der Nebel.
LV. Der Schatten.
LVI. Der Hund.

LVII. Die

LVII. Die Katze.
LVIII. Die Ratze und die Maus.
LIX. Der Ochs.
LX. Das Pferd.
LXI. Der Esel.
LXII. Das Schaaf.
LXIII. Der Bock.
LXIV. Das Schwein.
LXV. Das Kameel.
LXVI. Der Hirsch.
LXVII. Die Spinne.
LXIIX. Die Bienen.
LXIX. Die wilden Thiere.
LXX. Der Wolf.
LXXI. Der Affe.
LXXII. Die Vögel überhaubt.
LXXIII. Die Tauben.
LXXIV. Der Sperling.
LXXV. Die Nachtigall.
LXXVI. Der Pfau.
LXXVII. Der Schwan.
LXXIIX. Der Hahn.
LXXIX. Die Fische überhaubt.
LXXX. Die großen Fische.
LXXXI. Die kleinen Fische.
LXXXII. Der Mensch.
LXXXIII. Der Jüngling.
LXXXIV. Die Alten.
LXXXV. Der Gesunde.
LXXXVI. Der Kranke.
LXXXVII. Der Reiche.
LXXXIIX. Der Arme.
LXXXIX. Der Lahme.
LXXXX. Das Schloß.
LXXXXI. Die Stadt.
LXXXXII. Der Komete.
LXXXXIII. Der Krieg.
LXXXXIV. Die Hungersnoth.
LXXXXV. Die Pest.
LXXXXVI. Das Ungeziefer.
LXXXXVII. Die Ueberschwemmung.
LXXXXIIX. Die Feuersbrunst.
LXXXXIX. Das Erdbeben.
C. Die Geschäfte der Welt.

Die

Die Sonne.

Sie freut sich, ihre Glut der Welt umsonst zu geben,
Und flößt in die Natur ein allgemeines Leben.

I.

Sie, die Monarchin der Zeit, bringt uns mit Majestät und Reitz den Tag auf ihren güldenen Wagen. Von unermäßlichen Höhen steigt sie herab, um die Erde zu wärmen und zu erquicken. Niemal gebricht ihr Schein und Glut. Sie wird zwar alt, doch nicht entkräftet. Sie ruht nicht aus von ihrem Laufe, und ist doch nie ermüdet zu leuchten. Sie brennt und glüht, wer weis, wie viele Säklen, und wird doch nicht verzehret. O Schöpfer, der du sie machtest, wie groß ist deine Kraft, und wie helle dein Licht, du Quelle dieses Lichts! Wenn sie ankommt, den Tag zu regieren, oder wenn sie beym Tage aus ihren Kammern, den Gewölken, wieder hervor tritt, so erhebt sich die ganze Natur ihr entgegen. Alles regt sich, alles lebt, alles jauchzt, alles tönt, die Lüfte, die Wasser, die Felder und die Städte. Und wie undankbar bist du, o Mensch, der du deinen und ihren Schöpfer nicht preisest! Dein Leben und deine Nahrung, dein Vieh und sein Futter, dein Licht und deine Freude ist von ihr. Du spottest der Einfalt, die dort in grauen schier vergessenen Jahren vor der Sonne auf den Knien liegt, und sie zur Gottheit macht. Sie ist frömmer und gerechter als du, die abergläubische Einfalt. Gieb ihr die Weisheit deiner Tage; sie schwingt sich über die Sonne hinweg, und dringt zum Schöpfer hinauf. Hier bethet, hier dankt sie, hier verehret sie die Absichten dessen, der Welt, und Sonne, und Licht, und Tag gemacht hat. Betrübt schaut sie nun auf dich herab, du Scheinweiser, der du die Sonne und ihre Größe messen, die Richtung ihrer Strahlen und die Kraft ihres Lichts berechnen und dennoch ihren unendlich mächtigen, ihren unermäßlich gütigen Schöpfer verläugnen, oder vergessen kanst. Wenn dich Sonnen nicht erleuchten und zur Liebe erwärmen; so sinke, Verblendeter und Erkalteter, ins sonnenlose Reich der Schatten, in die ewige Nacht!

Der Mond.

Er folgt der Erde nach, die Schatten zu zerstreuen,
Er borgt sein Silberlicht, es wieder auszuleihen.

II.

Wenn die Sonne das Regiment des Tages niederleget, so kommt der Mond, der treue Gefährde der Erde, und führt die stille Mitternacht an. Er ist in dünne Düfte gehüllet und dringt auch mit dem entlehnten Lichte durch unser Schlafgemach, auf dessen Boden er die Scheiben malet. Er kühlt die Erde ab, die die Sonne erhitzet hat, und streut, obwol nicht Gold, wie diese, doch Silberkörner aus. Man liebt ihn, man verehret ihn, man schreibt ihm grosse Macht in unserm Körper, und einen wunderwürdigen Einfluß in die Erde zu. Hier sitzt der Fischer und verdankt es dem Monde, daß er ihm die Flut fruchtbar und fischreich macht, und daß er ihm sein Licht zum Zuge gönnet. Der Jäger läuft und donnert durchs Gebüsche, froh, daß ihm der Mond das Ziel und die Beute weiset. Nur der Bösewicht, der Dieb und der Räuber, flucht dem Monde, weil er durch den Flor der Nacht leuchtet und seine Unthaten nicht decken will. Der Unmensch, für den sich der Mond schämt und erbleichet!

O Schöpfer, wie groß ist deine Herrlichkeit! Du gabst dem Saturn und Jupiter noch mehrere Monden, als unserm Erdballe. Welch ein prächtiges Schauspiel muß daselbst seyn, da unsere Nacht schon der einzige Trabant mit dem geborgten Lichte und einer Fackel erleuchtet, die er an der entwichenen Sonne angezündet hat. Auf, ihr Schlafenden, ihr Faulen! Auf, zur Bewunderung der braunen Nacht, die Luna mit ihrem Schimmer leitet! Still, wie sie, bewundert und verehret die Gottheit, die dieß kleine liebenswürdige Licht gemacht hat. Betrachtet es aufmerksam, und prophezeyet dem morgenden Tage seine Witterung. Werdet ihm ähnlich, dem Monde, in der getreuen und steten Nachfolge, aber nie in der Veränderung.

Die

Die Sterne.

Wie helle strahlen dort in blauer Himmelsferne,
Der Gottheit Zeugnisse, die ungezählten Sterne!

III.

Freylich sind sie unzählbar, die Lichter des Himmels, die mit dem Monde die Nacht ausschmücken, und uns durch ihre Finsterniß sicher hindurch führen? Nur der zählt sie, der den Staub auf Erden zählt, der Abrams Saamen zählt, der sie geschaffen und abgewogen hat. Drum sagt er zum Vater der Gläubigen: Siehe gen Himmel und zähle die Sterne; kanst du sie zählen?

Doch es zählen sie ja die Weisen, und die Meßkünstler und die Sternseher. Sie geben ihnen Namen, sie wissen ihren Stand, und bestimmen Figuren, in welchen sie sie aufsuchen und finden. Mangelhafte Weisheit! So zählen wir die Rosen, die im Garten aufgeblüht sind. Aber zählst du wol alle Rosen? Und weist du die Zahl der Blumen, die in der Welt sind? Blicke doch nur, wißgieriger Sterblicher, in den Ocean des Himmels, wafne dein Aug und erfahre, daß auch die breite Binde, die milchigte Strasse, die durch den Himmel geht, und dir ein Nebel scheint, ein Haufe unendlich vieler Sterne ist. Und wisse, die Fixsterne, wie du sie nennst, sind alle Sonnen, die ihr eigen Licht haben, und wo nicht grösser, doch eben so groß, als deine Sonne sind. Und warum sollten nicht auch Planeten, und Erden, und Monden um sie laufen?

Hier starret Sinn und Witz, der Geist verliehrt sich ganz
In aller Welten Heer, Pracht, Ordnung, Lauf und Glanz:
O! was ist hier der Mensch? Er wäre nichts zu nennen,
Könnt er am Werke nicht des Meisters Grösse kennen.

Wahrhaftig, wer die Gottheit bey so viel Lichtern nicht sieht, der ist blind. Drey Weise, o wie wenige giebt es ihres gleichen, führt ein einziger Stern hin zum Erlöser der Welt: und dich, Ungläubiger, Unglücklicher, haben noch nicht Millionen Sterne hin zur Erkenntniß des Schöpfers geführet! Im Wald und auf dem Meere läßt du dich von ihnen leiten und bist froh, wenn du den Castor und Pollux erblickest, Zeichen des geendigten Sturms! Wohl: dort am Himmel sind sie Zeugen von der Gottheit, deren Thron sie umgeben, und deren Stuhl sie ausschmücken. Lobet den Herrn, alle leuchtende Sterne!

Das

Das Feuer.

Schnell greift es um sich her und schlägt in hellen Flammen
Auch über Stadt und Berg mit Dampf und Rauch zusammen.

IV.

Schröcklich ist die Macht des Feuers. Es ist das grausamste unter allen Elementen, das seinen Ernährer frißt, und sich selbst im Rauche würgt, wenn es nicht andere Gegenstände ergreifen und verzehren kan. Es hält die Freyheit hoch, es zerreiset Zaum und Bande; es zwingt alles, schwingt sich mit schnellen Flügeln in die Höhe, und sucht im Firmamente den Punkt der Ruhe. Was Witz und Kunst durch Mühe und

Schweiß

Schweiß erbauet hat, Korinth und Rom, der Schmuck der Städte, mit Gold und Pracht gezieret, wird durch die Wuth des Feuers schnell entflammt und in Asche gelegt. Wie mancher Thurn, von Marmor aufgeführt, der sein Haubt stolz in die Wolken hebt, wird von der Glut des Feuers gedemüthiget, und stürzt im Ruine hin. Wenn die Schrecken der Welt, Vesuv und Aetna rauchen, und die schwärzeste Nacht durchs Leuchten wilder Flammen zum Tage machen; dann bebt die Veste des Bodens, das blasse Volk, das um sie wohnt, läuft, verläßt die Hausgötzen, die Liebe und das Vieh. Schnell fällt im meilenlangen Bogen der Feuerregen, der die Flüchtlinge noch erhascht, erstickt und begräbt. Wie fürchterlich wird der letzte Tag seyn, wenn die Welt im Feuer aufgeht!

Gleichwol ist das Feuer mit unter den größten der Wohlthaten des Allmächtigen. Leben, und Nahrung, und Kleidung, und Bequemlichkeiten, und Kunstwerke, sind keines ohne Feuer gemacht und erhalten. Traurig ist der Winter und die lange Nacht, ohne Feuer des Camins, und traurig der Tag, vor dem sich die Quelle des Feuers, die Sonne verbirgt. Der Monarch und der Reiche ergötzen sich am Lustfeuer, das durch sein seltnes Spiel Gehör und Augen reitzt, in bunten unzähligen Blitzen die Luft durchschneidet, und sich bald in prächtigen Wirbeln des schnellen Rads, bald in plötzlich aufgelößten knallenden Kugeln verliehrt.

Dem Feuer gleicht die Liebe. Sie ist schnell und heftig; sie hasset den Zwang; sie leidet keinen Zügel; sie unterwirft sich alle andere Leidenschaften, selbst die Vernunft liegt öfters zu ihren Füssen, und Glück und Ruhe dabey. Ist ihr Feuer verzehrt, und das Herz ausgebrannt, so hinterläßt sie eine schwarze traurige Höle, in der die Reue in Eulengestalt wohnet. Doch erhält die Liebe die Welt, und kommt vom Himmel. O daß sie wieder dahin aufglühte!

Die

Die Luft.

Ganz dünn und leicht, und dennoch schwehr
Fällt Luft und Wind auf Körper her.

V.

Zwischen Himmel und Erde ist die Luft ausgegossen, und einem Meere gleich, in dem alles schwimmet, was athmet und lebt, was starrt und tod ist. Sie stützet sich auf die Erde, und doch wird diese auch von ihr durchwühlt. Sie selbst trägt den Aether, die reine Himmelsluft, die zu fein und zu zärtlich für unsere groben Körper ist. Trillionen von Centnern der Luft erfüllen die Atmossphäre, und der Mensch wird um und um von einer Kraft der Luft, die 396 Centnern gleich ist, umgeben.

Welche Schwere, welch Geheimniß der Natur! Dennoch ist die Luft leicht, dünne, geschwind und veränderlich. Sie dringt durch alles, und ist allen alles. Sie macht das Licht, und den Schall, und den Klang, und den Gestank, und den Wohlgeruch. Sie ist trocken und feucht. In ihr zeuget der Lenz den Thau; der Sommer Blitz und Schlossen; der Herbst holt Reif und Regen von ihr, und der Winter führt seine Schneeflocken aus ihr her. Sie trauert in Finsterniß; sie schnaubet bey dem Winde; und lacht, wenn die Sonne ihr Kleid aus güldenen Fäden spinnt. Sie erhält uns alle beym Leben, Menschen und Thiere. Ihr Mangel entseelt uns, ihr Ueberfluß erstickt uns. Der unsterbliche **Guericke** ist am ersten unter den Sterblichen Herr über sie worden. Er zwingt sie zusammen und nöthiget sie ihre Behältnisse zu verlassen. Sie wehrt sich und braust ihm aus dem künstlichen Hahne entgegen: doch vergeblich; sie wird verdrängt und weicht.

Nichts ist ihr ähnlicher, der veränderlichen und unsteten Luft, als der Sinn der Menschen. Bald weint er, bald lacht er, bald haßt er, bald liebt er. Er wird sich selbst mit seiner Leichtigkeit zur Last, und mit dem Leichtsinne zur größten Bürde. Wie mag sich der Thor doch so beschwerlich seyn! Warum stürmt er auf sich selbst los? Er drängt sich in Ehe, in Amt, in Geschäfte: es ist ihm alles leicht. Bald fühlt er die Schwere, wie der kraftlose Kranke den Druck der Luft. Dann unterliegt er, und niemand will die Last von ihm wälzen.

Das

Das Wasser.

Sein Druck beschwehrt,
Indem er nährt.

VI.

Die Luft drückt das Wasser, und dieses drückt die Erde. Ein sanfter befruchtender Druck! Wo käme der Aepfel Roth, der Pflaumen Blau, der Rosen Purpur her, wenn nicht das Wasser die Erde preßte und in sie einschlich. Was ist das trinkbare Gold des Weins, das Rebenblut, der nectarreiche Trank, was ist er ohne Wasser? Ist dieses nur das Element des Schuppenheers? Nein, Mensch, es ist dein Element; es ist, wie **Thales** schon gesagt, der Ursprung aller Dinge.

 Nichts

Nichts wird gezeuget, und gebildet, und erhalten ohne Wasser. Keine Pflanze, kein Metall, kein Thier und kein Mensch besteht ohne ihn. Auch in der Veste des Himmels sind Wasser. Schon dort in der Schöpfung schwebte der Geist des Allmächtigen auf ihnen, und in der schröcklichen Sündfluth brauchte sie der Richter des Fleisches zur Verderbung der Erde. Erzittert ihr Sterblichen, wenn ihr die Fluth daher eilen seht. Denkt an den Noah, an die wenigen achte, die werth waren zu leben und zu bleiben über den tödenden Gewässer.

Dem frechen Tadler des Allmächtigen ist zu viel Wasser auf der Erde. Mit verwegnem Stolze in gottesläugnerischer Einbildung fragt er: wozu so viele Meere, so grosse Oceans vorhanden wären? Es hätte, träumt er, wol die Helfte können erspahret und zum trockenen Lande gemacht werden, damit es von Menschen bewohnt würde. Der Frevler ist unwissend in der Kenntniß der Natur und ihrer Absichten. Würden auch, wenn die Weltmeere nur halb so groß wären, so viel Ausdünstungen, so viel Flüsse, so viel Thau, so viel Regen, so viel Feuchtigkeit seyn, die das trockene Land schwängern und versorgen? Er frage nur die Küche, die Bad- und Waschstube, die Mühle und den Gartenbau. Sie müssen Wasser im Ueberfluß haben, um Nahrung, Reinlichkeit und Vergnügen zu schaffen und zu erhalten.

Allergütigstes Wesen, du giebst diesen Ueberfluß, und das Wasser ist, wie das Meer deiner Gnade, unerschöpflich. Du feuchtest das Land, daß es sein Gewächs giebt. Noch machst du Wein aus Wasser, und sorgst in Millionen Veränderungen des einen und des andern für unsern Geschmack, für unsere Gesundheit, für unser Leben. Gesalzene Wasserfluthen, Thränen der Freude, die aus unsern Augen strömen, müssen dir deine Wohlthat verdanken!

Die

Die Erde.

Nicht überall sind alle ihre Gaben;
Doch überall will sie den Menschen laben.

VII.

Was sind die Schätze der ganzen Welt, wenn die Güter der Erden schon so groß und unzählich sind? Wir tretten die Erde mit Füssen, und sie dultet es nach den Absichten des Schöpfers, der sie veste gegründet und zu unserer Laufbahn gemacht hat: aber sie will auch haben, daß wir nicht immer stolz in die Höhe schauen und ihrer vergessen sollen. Hier, ruft sie, Sterblicher blicke auf mich, hier bist du bereitet, von mir bist du gebildet, hier sind deine Schätze, mit denen du prahlst, und hier neige ich mich, um die Grube zu machen, in die man dich bald legt: dann wirst du wieder eins mit mir; Erde wirst du, wie du gewesen bist, und wie du noch bist. Trette nur frech auf mich her; ich räche mich an dir. Oder hältst du dich mit mir? Willst du mich durchforschen, bearbeiten, und pflegen; so theile ich meine Schätze mit dir. Blumen und Obst, und gelbe blanke Metalle, und edle kostbare Steine seyen dein Eigenthum. Ja ich laß dich wühlen in mir; grabe, steig tief hinunter in den Schacht, entdecke in fürchterlich schönen wundersamen Gängen die Erze und bringe sie in herauf gezogenen Kübeln ans Licht. Sie sind alle alle dein, die vergrabenen Schätze. Und bin ich dir hier nicht reich genug, gehe mir weiter nach, reise nach Indien. Ueberall zeige ich dir andere Güter; nirgends bin ich erschöpft, alt und immer neu, wieder verjüngt deine Mutter und deine Dienerin bin ich.

Edle Kenntniß, die Kenntniß der Erde! Wahrlich der verachtete Landmann weis mehr, wenn er sie kennt, als der eingebildete Wort- und Stubenweise, der ausgerechnet hat, wie man die Erde aus ihrer Bahn verrücken, und wie man durch sie fort zu unsern Gegenfüßlern graben kan. Sie ist ein Bild der himmlischen Gunst, die ihre Gaben so mannichfaltig ausgetheilet hat. Hier fehlt es, was dort im Ueberfluß ist. Der eine schaft die Speise, der andere kocht das Essen. Der eine hat Reichthümer, der andere Vernunft. Diese Theilung vereiniget die Menschen und macht, daß einer den andern nicht missen kan; so wie die Verschiedenheit der Erdenschätze, Handlung und Gewerbe, Nahrung und Schiffahrt, Kunst und Fleiß gezeuget hat. Doch mußt du, Erdenbewohner, dich über den Wurm zu erheben wissen, der nur auf der Erde kriecht.

Die Wolken.

Die hohe Wolke wird aus niederm Dunst gezeugt,
So wie des Bavens Glück, das dort am Hofe steigt.

VIII.

Stolz prangt sie in hohen Lüften, die dicke Wolke, die vorher ein kahler wäßrichter Dampf war, der sich langsam von der Erde erhebte. Die Sonne half ihr in die Höhe, und bemalt sie mit ihren güldenen Strahlen. Zur Dankbarkeit verdunkelt sie die Sonne und nimmt der Erde, uneingedenk des Ursprungs aus ihr, das nutzbare und unentbehrliche Licht.

Ihr

Ihr Grossen der Welt, denkt an dieß Bild, wenn ihr die Schmeichler und Höflinge aus dem Staube erhebet und aus Knechten zu Herren machet, die eurer Hoheit schaden. Wie finstere schröckliche Wolken ziehen sie sich um den Glanz eurer Ehre her und rauben euren Unterthanen Antlitz und Gnade des Fürsten. Laßt die leeren Dünste in der Tiefe und im Koth, und erhebet dafür die edlere einsichtsvolle Tugend.

Wenn die Wolke lange genug sich in der Höhe erhalten hat, wenn sie allerhand Gestalten gewonnen, sich bald zertheilet und bald zusammen gezogen hat, stürzt sie endlich durch eigene Schwere herunter, und fließt, in kleine Tropfen zertheilet, in ihren niedrigen Ursprung dahin. Auch die junge Wolke, der Nebel, fällt, hebt sich zwar wieder und sinkt doch endlich, von der Macht der Höhern gedrücket, in den schlammichten Abgrund.

So ist euer Glück, ihr Wohldiener! Schnell steigt es himmelhoch. Von eurer Einbildung gebläher, und von der Schwere der Laster gedrücket, verliehrt es das Gleichgewicht, sinkt schneller, als es gestiegen war und reißt alle mit dahin, die ihr euch nachziehen wolltet. Wo sind nun die entlehnten bunten Farben und der abgestohlene Glanz, den ihr euch anzoget? Ihr Meteoren des politischen Himmels, wie bald habt ihr ausgelebet, da ihr nicht von euch selbst waret und euch nicht eure Kraft erhoben hat. Es werden dennoch, sprecht ihr, immer Wolken seyn, die den Himmel halten und machen. Aber sie werden allezeit wäßrichte Lufterscheinungen seyn.

Der

Der Regen.

Erquickend ist der Regenguß,
Und schädlich nur sein Ueberfluß.

IX.

Lange war der Himmel klar und helle, die Luft heiter und der Anblick der Sonne freundlich, als sich endlich die dicken Wolken zusammen zogen und schwärzten. Wild, nicht wie der holde Zephyr, der sanft durch das Gebüsche streicht und mit angenehmen Säuseln die Bäume beseelt, stürmerisch ergreift der Südwind die nasse Last der Wolken, und stürzt sie im dicken Regen herab. Schnell läuft der Bauer vom Felde, der Wanderer von der Strasse und der Bürger vom Markte, daß er ein Obdach finde. Furchtsam wartet der Wanderer unter dem Baume, ob die Wolke vorüber gienge, und stolz schaut Bauer und Bürger aus der trockenen Stube, als ob er dem Gusse trotze, dem er doch eilend entfloh. Nur die Erde sitzt stille und trinkt den labenden Regen begierig in sich hinein. Sie verzehrt und verkocht ihn, wie der menschliche Körper den durstlöschenden Trank. Nur wenn sie zu lange gewässert wird, zerweicht sie, und die ihr anvertrauten Gewächse schwellen von den überflüssigen Säften und die nasse Faulniß naget an ihren fruchtbarn Wurzeln. Dann murrt der verwegene Landmann wider die Gottheit, die ihm selten die Witterung recht ordnet, und murrend stürmt er die Tempel, um im trotzigen unverstandenen Gebethe den Sonnenschein zu erzwingen. Er will ihn dem Priester abnöthen, gleich als ob dieser der Allmächtige wäre.

Du Säufer! Dir war das Getränke lang ein erquickender Regen. So glaubtest du wenigstens. Endlich überschwemmte es deinen Verstand, und deine Gesundheit, und dein Heil, und dein Leben. Nun soll der Arzt die verzehrende brennende Krankheit heilen. Du fluchst ihm, weil er nicht Wunder thun kan. Der Priester soll helfen; eilends soll er kommen: sein Gebeth und deine Busse soll dich gesund machen. O, wenn sie nur beyde nicht zu spat kommen! Der Leib ist ohnedem verlohren: der Erbarmer wolle die Seele retten!

Der

Der Hagel.

Er schröckt und trift und bricht,
Und doch besteht er nicht.

X.

Nur die Natur, vom Allmächtigen geschaffen und gestärkt, kan, unnachahmlich dem Künstler, aus geschmolzenem und in Regentropfen herunter fallenden Schnee harte Eiskugeln drehen. Diese, bald eckigt, bald rund, nachdem sie Luft und Winde minder oder mehr zugeschliffen haben, stürzen mit schröcklichem Getöse, in welches die Winde brausen, auf Städte und Felder herab. Die Dächer krachen, die Fenster brechen, Korn, und Weinstöcke, und Bäume sterben vor

 ihrer

ihrer tödenden Macht. Die Thiere, getroffen von ungewohntem Schlag, dem sie nicht entlaufen können, heulen und schreyen in ängstlicher Ungewißheit. Die Menschen, die der Hagel auf Feldern und Strassen ereilt, verbergen das Antlitz, und kehren ihm den harten unfühlbarern Rücken zu. Doch unterliegen sie öfters seiner Wuth, und werden von treffenden Kugeln, gleichwie die Krieger in der Schlacht vom tödenden Bley, zu Boden geschmissen.

Vom Schrecken ein wenig erholt, sieht nun der traurige Landmann die Hoffnung des Jahres vereitelt. Alles, alles ist in die Erde geschlagen und verwüstet: und was der Hagel verschonet, versengte das Feuer, das mit und unter ihm fuhr, so wie dort in Egypten. Der einzige Trost, ein banger leidiger Trost, ist, daß Feuer und Hagel, indem sie Früchte und Bäume zerbrachen, selbst mit gebrochen, und indem sie viel verdorben, auch ihrer nicht geschonet haben.

So ist der Lästerer. Aus seinen Augen fährt neidisches verzehrendes Feuer, und aus dem ergrimmten Munde stürzt ein Hagel voll Schmäh- und Lästerworte auf Feinde und Freunde daher. Sie schlagen und treffen scharf, sie schmerzen und verwunden, und nirgends ist man sicher vor ihnen. Zum guten Glücke schlägt der Lästerer seine eigene Wohlfahrt mit darnieder. Er liegt und verschwindet, wie der auf der erhitzten Erde schmelzende Hagel.

Der

Der Schnee.

In Flocken stürzet er zur Erden,
Entblößter Wiesen Schmuck zu werden.

XI.

Was ist weisser, als Schnee? Er beschämt den Kunstfleiß der Menschen, die ihm die weisse Leinwand entgegen setzen wollen. Gefroren, und doch weich, wie Wolle, fällt er statt des Regens aus der Wolke herunter. Um ihn lieb zu gewinnen, schmückt ihn die Natur aus und macht seine Flocken zu sechseckigt strahlenden Sternen. Sein Glanz, mit dem die Kleider der Engel und des verklärten Erlösers verglichen werden, erhellet die einsame lange Nacht des Winters

und

und dient dem Wanderer zum andern Monde. Auf ihn freut sich der Knab, und der Jüngling, und der Mann. Jene vergessen den Winter: halb entblößt, starrend und hungrig rollen sie auf den weich bebahnten Hügeln und Strassen mit selbst laufenden und gezogenen Schlitten daher; und dieser, der Mann, wirft sich in die der Kälte trotzende Pelze, und reiset, vom Schnee begünstiget, in unglaublicher Geschwindigkeit durch die halbe Welt. Sein Auge fäßt mit allen Blicken der Flocken Gränzen nicht. Erde und Wasser sind damit bedeckt. Das ruhende Land erwärmt sich unter dieser Decke und verwahret damit seine Gewächse, und die Wurzeln der Bäume, und das junge Getraid. Und dort in Nordischen Enden macht man grosse Gewölber und Gänge von Schnee, um unter ihm, gleichwie in wärmern Tagen, die Lust des Spatzierens zu geniessen. So vest ist der Schnee; doch schmelzt er schnell vor der Hitze und über der im Lenz aufthauenden Erde. Nur auf dem Riesengebürge bleibt er und wird in kenntlich unterschiedenen Jahrgängen aufbewahrt, wie der Wein in den Kellern der Reichen.

Unsere Sitten sollen der Reinigkeit und Weisse des Schnees gleichen. Keine Hitze des unbändigen Zorns und der einfältig schmachtenden Liebe soll diesen Schnee verdrängen und schmelzen. Weich, wie der Schnee, sey unser Herz zum Guten, und nie werde es von dem Schein der Laster verblendet. Und würden gleichwol unsere Sünden blutroth seyn, so sollen sie nach dem Worte des Heiligsten schneeweiß werden.

Der

Der Donner.

Des langen Donners fürchterliches Rasseln
Durchrennt die Wolken mit verschränktem Prasseln.

XII.

Wenn bey drückender anhaltender Hitze schwefelreiche Dünste in die Höhe steigen, den Himmel füllen, und mit dem feuchten Dampf geschloßner Wolken kämpfen, so öffnet endlich des Blitzes Feuer die düstern Lüfte. Roth und schröcklich durchkreutzet es die Weltgegenden, und ein unleidentliches Licht macht die allerschwärzeste Nacht zu unzählbaren, augenblicklichen und fürchterlichen Tagen. Hinten her rollt mit gräßlichem Gebrülle der Donner: anfänglich verweilt er merkliche nach-

gezählte

gezählte Theile der Zeit; endlich zerberstet der schwangere Schoos einer drohenden Wolke, und Blitz und Knall und Schlag folgen im Huy auf einander. Feuer will die Erde und Angst die Menschen verzehren. Dort raucht die entzündete Stadt, hier brennt der zersplitterte Baum, und Menschen fallen von Feuerkeulen getödet, oder vom Schwefel der Blitze ersticket, in die noch längere Nacht des Todes hin. Der Sturm legt sich, indem ihn mächtige Winde vertreiben: aber noch zittert die ganze Natur.

Wer ist es, der donnerte und der den Blitzen ihre Kraft gab? Es ist der HErr im Wetter, der in den Wolken, wie auf einem Wagen, daher fährt; gütig für die Erde, die Er mit Blitz und Donner befruchtet, und schröcklich für den, der das Seyn und die Macht des Donnernden verkennet. Tritt hervor aus den Gewölben und tiefen Kellern, in die du dich verbargst, elender Gotteslaügner! Warum flohest du vor dem, der dich nicht treffen kan? Warum verbirgst du dich vor dem Ohngefähr? Oder wenn Er dich treffen kan, warum ist er nicht? Und wenn alles ein Ohngefähr ist, warum bebt und zittert dein Herz? Warum seufzest du, warum bethest du, und wen bethest du an? Siehe den Weisen und den Freund GOttes: er bethet auch, aber er zittert nicht; er fürchtet den Donner, aber er verzagt nicht; er scheut die Blitze, aber er verkriecht sich nicht. Höre den Donnernden und glaube Ihn: wo nicht, so wirst du Ihn kennen lernen, wenn dich Sein Donner in den Abgrund stürzet, aus welchem keine Erlösung ist.

Der

Der Regenbogen.

Wie prächtig, wunderschön, ist dieser Bogen nicht,
Wo sich der Sonnenglanz in Regentropfen bricht?

XIII.

Phöbus übertrift alle Gemälde der Kunst, und die schimmernde Pracht der Edelsteine, und den Reitz der Gärten, wenn er den Regenbogen malt. Eine nasse finstere Wolke ist die Tafel, auf die er malt; seine Farben sind das Licht, und der Pinsel die Strahlen. Sehe ihm zu, Welt; und ihr, ihr Künstler, trettet her, entweder um nachzuahmen, oder um beschämt zu werden! Ist auch einer unter euch, und wenn er Apelles und Angelo wäre, der diesen rund gewölbten

Bogen malt, der ihn mit einem Strich so viel tausendmal malet, als ihn Augen ansehen? Dieß ist die Güte und Kunst der Sonne: sie schenkt den angenehmen Regenbogen der ganzen Welt, und einem jeden Menschen, der sein Auge nach dem Himmel richtet, macht sie einen eigenen. So bald aber die malende Sonne beyseite tritt, oder ihr Licht auch nur hinter eine kleine Wolke verstecket, so fällt Gemälde, Bogen, Farben, Glanz, Herrlichkeit und alles dahin.

Auch unser Herz ist ein Grund und eine Tafel, worauf sich die Gottheit malet. Die Tugend ist die Farbe, und des Höchsten Gnade das Licht. Sieht GOtt das Herz an; so ist nichts schöners, als dasselbe: und wendet er sein Gnadenlicht davon ab; so ist nichts dunkler und nichts schwärzer, als unser Herz. Ein Schatten und gar nichts sind wir.

Welch ein rührender Anblick muß es für den andern Vater unsers Geschlechts gewesen seyn, wenn er dort nach überstandener Noth der tödenden Fluten, den Bogen des Bundes zum erstenmal sah? Und welch ein gnädiger GOtt ist der, der da verheiset, daß sein Bogen nicht nur in den Wolken seyn, sondern daß er ihn ansehen, daß er gedenken wolle an den ewigen Bund, den er aufgerichtet habe zwischen ihm und allem Fleische auf Erden? Dank sey der unendlichen Güte, die uns versprach, daß hinfort keine Sündfluth mehr kommen soll, die die Erde verderbe! Willkommen sey uns ihr Bogen, der göttliche Bogen, die einzige Zierde der regnerischen Wolken, der Trost und die Freude der Welt.

Der

Der Wind.

Du hörst sein Sausen wohl und spühreſt seine Kraft:
Doch sage, weist du auch, was er für Nutzen schaft?

XIV.

Zum Geboth des Allmächtigen steht der immer rege Wind; und nur der Allwissende weis es, von wannen er kommt, und wohin er fähret. Der Mensch spühret inzwischen den Eigenschaften und der Kraft des Windes nach. Bald findet er ihn naß, bald dürre; bald sanft, bald wild. Hier kühlt der frische West, der in den Blättern spielet und ihre Schatten wiegt, unsere Stirnen ab, er dämpft die Sommerhitze und belebet die güldene See der Aehren. Dort reißt sich Boreas mit brausenden Wirbeln aus seiner tiefsten Kluft los: neben ihm stößt sein schröcklicher Nachbar, der kalte Nord, den kriegerischen Hauch aus vollen Backen, und entblößet mit zornigem Gesichte Felder und Wald. So fürchterlich er ist, so reiniget er doch die Luft, daß sie nicht in Fäulniß gerathe, und treibt die Regenwolken ab, mit denen uns, ihm gegenüber, der Süd unfruchtbare Näße gedrohet hat.

Die Schiffkunst kennt die Schwäche und Macht der Winde, und bringt sie uns zum Nutzen, trotz dem gebietherischen Aeol, ins dienstbare Joch. Stolz auf ihre Herrschaft durchwühlt sie mit schwimmenden Palästen die Oceane und liefert uns die reichsten Lasten jauchzend in den Schoos. Im Wettlauf mit den Winden kehrt die beladene Fichte aus dem reichen Indien glücklich zu uns zurück. Aber deß Herz muß dreyfach mit Eisen umgeben gewesen seyn, sagt Flaccus,

Der Winden und Wellen sein kostbares Leben
Am ersten auf wenigen Brettern vertraut.

Setzt ihm, dem Verwegenen, eine Ehrensäule, wenn ihr seinen Namen erforschen könnet, ihr See- und Wind-Mächte!

Unser Leben gleicht dem Meere. Das Schicksal erreget die Wellen, und die Leidenschaften sind die widrigen Winde. Wer diese zwingt und ihrer Meister wird, schifft glücklich. Nicht der Glücksstern, sondern Tugend und Himmel sind seine Cynosur, und diese führen ihn zum sichern Haven. Wie glücklich ist er hier, in einer ewigen Windstille.

Die

Die Berge.

Wenn gleich ihr stolzes Haubt die höchsten Wolken decken,
So können sie sich doch nicht bis zur Sonne strecken.

XV.

Die Berge sind beydes die Last und die Zierde der Erde, Bilder mancher Großen der Welt. Man streitet darüber, ob sie vom Allmächtigen geschaffen worden, oder ob sie erst von der Sündfluth aufgethürmet, und von dem Erdbeben gemacht und versetzet worden. Aus der Tiefe heben sie sich in schwindlichte Höhen. Hier zeigt ein steiler Berg die mauerngleichen Spitzen, senkt die glatten Wände nieder und trägt ein verjährtes Eis. Dort schwingt ein anderer sein palmenreiches

reiches Haubt über Luft und Wolken empor; kein Blick erreicht ihn, kein Vogel fliegt dahin. Sein steiler Rücken liegt voll Felsen, die ganz unwegbar sind. Doch hat die Neugierde der Sterblichen und ihre Verwegenheit Wege auf ihm gemacht. Unzufrieden mit den Schätzen des flachen Erdbodens betretten sie diese Wege und finden wenigstens Blumen, Kräuter und Bäume. Noch nicht befriediget, graben sie in die Berge; und der kühne Bergmann fährt in die schröcklich vertieften Gründe, um die Erze zu suchen. Man bringt sie aus dem dunkeln Schacht, einer offenbahren Hölle, in welcher der Mensch um schlechtes Taglohn arbeitet und sein Leben wagt, ans Licht.

Von GOtt sagt die Offenbahrung, daß er auf Bergen wohne; daß er auf seinem heiligen Berge einen König eingesetzt habe; daß sein Berg ein fruchtbar grosses Gebürge sey; daß auf den Bergen die Füsse der Bothen seyen, die Frieden verkündigen; daß uns Hülfe von den Bergen komme. Doch bestehen die Berge vor GOtt nicht. Er versetzt sie, ehe sie es inne werden; er kehrt sie um in seinem Zorn; wie Wachs zerschmelzen die Berge vor dem HErrn. Häufen aber auch die Giganten Berge auf Berge, so erreichen sie doch den Thron des Allerhöchsten nicht, noch weniger stürzen sie ihn von dannen herab: Er streckt seine Hand wider sie, und wälzt sie mit den Felsen herab. Und dieß muß noch ihr einziger Trost seyn, daß die Berge über sie fallen und die Hügel sie decken.

Merke es, Hochmüthiger, der du aus dem Kothe herauf steigst und wie ein Berg aufschwillst! Deine Höhe ist noch weit von Sternen und der Gottheit entfernet. Drücke nur immer mit stolzem Fuß der Erde den Nacken ein: sie öffnet eine Kluft und verschlingt dich.

Das

Das Thal.

Das sichre Thal, der Sitz der Weisen,
Wer sollte es nicht sicher preisen?

XVI.

Im niedern Thal, dem glücklichern Theil der Erde, wohnt Unschuld und reines Vergnügen. Die Berge decken es mit kühlen Schatten zu, und versperren es vor der Wuth kalter und rasender Winde. Nur der liebliche Zephyr herrscht in diesen Fluren und haucht den Balsamduft der Blumen den Menschen und Thieren zu. Der crystallene Bach, der aus frischen Quellen vom Berge herab rauscht, windet sich durch die grünen Auen und wiegt durch seine sanften Wellen die

die Schäfer in den süssen Schlummer. Neben ihm drängen sich freudig tausend Blumen, und er giest dem Grase ein mildes Wachsthum zu. Dort wimmelt eine Wolke von Lämmern und mäht geschäftig die Kräuter vom Tische der Natur. Der Landmann sitzt mit der Geliebten im grünen Klee und sieht dem emsigen Schnitter zu, der mit bewehrter Faust die prächtigen Aehren zu Boden wirft.

Der Tag sinkt, die satten Heerden ziehen von der Flur und der Stier schleicht matt nach Hause, indem er seine Pflugschar nachschleppt. Der Rauch steigt schon ums Dach, und der Schäfer eilt in die Hütte, wo Ruhe und Wollust wohnet, wo man Ehrgeitz und Betrug nicht kennt, wohin auch einst Apollo wich. Immer fällt ein längerer Schatten ins Thal herab, und Philomele singt in sanften Melodien den Tag, und die Hirten, und die Heerden zur Ruhe.

Laßt sie nur in Städten, auf hohen Schlössern und in Palästen wohnen, die, so die Welt, und das Getümmel, und Titel, und blendende Ehre lieben. Die Demuth bleibt im Thal. Ueberschattet gleich ihre Niedrigkeit der sich blähende Hochmuth mit Verachtung und Schimpf; so ist sie doch ruhig und zufrieden. Auch wenn sie in Gefahr ist, zertretten zu werden, wie die Blume zu Saron und die Rose im Thal; so weicht sie doch aus diesem glücklichen Aufenthalt nicht, weil Unschuld und Ruhe, Tugend und Freude, ihre Hütten bey ihr aufgeschlagen haben.

Die Hügel.

Wo Anmuth und Vergnügen lacht,
Wird für der Gegend Ruh gewacht.

XVII.

Der Sohn der Gebürge, der [illegible]lb gewachsene Berg, der muntere Hügel ist-es, den das anmuthige Thal umgiebt, und den die Natur mit Moos und grünen Klee trotz den kostbarsten Teppichen bedeckt hat. Hier liegt das Vergnügen in angenehmer Dämmerung von grünen Büschen umgränzt. Alles ruht, nur Blätter regen sich. Hier steht der Mensch bezaubert und wirft Blicke in die perspectivische Ferne, aus welcher die schönsten Gegenden herlachen. Auch die nahe Aussicht entzückt ihn. Tityrus steigt hinauf und forschet, wo seine Heerde weidet. Meliböus zählt hier das gehörnte Vieh und siehet Hagel und Schnee, Regen und Sturm voraus. So baut GOtt auch den Schäfern ihre Warte.

Wie die Natur die Hügel zum betrachten aufführte, so sey dir, Mensch, die Ehre im Staat. Sie baut dir hohe Stufen und einen erhabenen Ort, nicht daß du dich brüstet, und stolz über den verachteten Pöbel hinweg schauest; sondern daß du klug in die Ferne sehest, daß du für das niedere Volk sorgest, und daß du in weiterer Aussicht die Zukunft vom Staatshimmel prophezeyest. Hügel und Ehre gehören zum warten und wachen.

Mit sieben Hügeln prangte das Haubt der Städte, das alte Rom: und doch ist es von seiner Höhe herab gestürzet worden. Wenn der HErr will, so werden auch die Thäler erhöhet und die Berge und Hügel erniedriget. Er befahl, so floh dort das Meer; die Berge hüpfeten, wie die Lämmer, und die Hügel wie die jungen Schaafe. Einen kleinen armen Haufen, sein Volk, hat er ausgerüstet, daß es Berge zerdreschen und zermalmen und Hügel wie Spreu machen konnte. Krönet er aber das Jahr mit seinem Gut und triefen seine Fußstapfen vom Fette, so sind die Hügel umher lustig; die Anger sind voll Schaafe und die Auen stehen dick mit Korn, daß man jauchzet und singet. Lassen die Berge den Frieden kommen unter das Volk, so bringen die Hügel Gerechtigkeit. O daß man sie hörte, die Stimme des Gerechten, die von den Hügeln herab rollt und sanfte im Thal wiederhallt!

Die

Die Höhle.

Was suchst du hier in diesem dunkeln Ort?
Schnell rette dich, es brüten Schlangen dort.

XVIII.

Die Natur baute diese Wohnung in den hohlen Felsen. Sie dient zwar oft Fremdlingen und Reisenden zum Schutz vor dem Ungewitter, das die Erde schröckt. Oft wohnten verfolgte Christen in Höhlen, und manchmal suchten Leute einen Aufenthalt in ihnen, die aus der Welt ausgiengen und heilig seyn, oder scheinen wollten. Auch hat die Natur nicht selten Schätze in Höhlen verstecket; Schätze, die sie vor dem suchenden und grabenden Geitz der Sterblichen aufbehalten will. Sie läßt sie von Ottern und Schlangen bewachen. Doch wagt sich der Tollkühne hin. Ihm zischt die Brut, ihm stinkt der Pestdampf entgegen. Er achtet keines, wenn er nur den verfluchten Geldhunger stillt.

Fünf Könige der Amoriter suchen in der Höhle Makeda die Sicherheit für ihr Leben. Sie suchen sie und finden sie nicht. Man zog sie heraus, und trat ihnen auf die Hälse, und würgte sie, und hieng sie an Bäume. Ja bettet euch nur in die Höhle. Der HErr ist da, und seine Rache ist auch da. Scheint er entfernt, so sind Hyänen und reißende Thiere da; und schonen euch diese, so sind Räuber und Mörder da, beydes Ziele und Werkzeuge seines Zorns. Diese, die Kinder der Hölle, die den Tag anfeinden, diese sinds, die in den finstern Höhlen wohnen. Hier quälen ihre strafbare Seelen sich und andere, die sie erlauschen. Eine schröcklich einsame Stille breitet mit Angst und kaltem Graus die furchtbaren Flügel über sie und ihre Beute hin.

Dieß ist das Vorspiel von jenem erbärmlichem Auftritt in der martervollen Hölle. Schnell rette dich, Mensch, es brüten Schlangen dort!

Hier seufzen in der Brust bekümmernde Gedanken,
Die zitternd, ungewiß, den matten Geist durchwanken,
Beraubet jener Lust, ach ewiglich beraubt,
Die das berauschte Herz vom Ende frey geglaubt,
Um die es Seelenruh und Hoffnung beßrer Freuden
Bezaubert gab, und rang nach theur erlangten Leiden.

Die

Die Wüste.

Hier ist das Ende der Natur,
Und nichts, als wilder Thiere Spur.

XIX.

Erschöpft und ermüdet von ihren Werken scheint die Natur die Lücken gelassen zu haben, die wir Wüsten nennen. Doch sie scheint es nur: würdiger ist der Gedanke der Weisen, daß sie die leere und wilde Wüste hin und wieder zwischen die bewohnten und prächtig ausgeschmückten Erdstriche eingeschoben habe, um diese desto mehr zu verherrlichen. So muß der Schatten das Licht erhöhen, und die Krankheit und Armut der Gesundheit und dem Reichthum ihren Werth geben.

Lasset uns doch, wenn sie auch noch so wild herschaut, einen Blick in die Wüste hinwerfen. Ich sehe öde Gegenden, wo der scharfe Pflug das rohe Land nie durchschnitten, wo nicht der Menschen Fleiß gearbeitet und die Auen nie eine andere Frucht, als Dornen und Hecken hervorgebracht haben. Steile schröckliche Berge, tiefe Abgründe und Klüfte, die Wohnungen unbezwungener Bestien, noch nie gesehener Raubthiere, sind hier. Ein brüllender Ton von Heerden ungesättigter Löwen gattet sich mit dem Geheule der Wölfe und Uhu, und fährt mit nie geendigtem Nachklang durch die verwilderten Thäler und ausgehöhlten Steinklippen dahin. Hier ist tiefer Sand, unüberschaulich, wie der Ocean selbst. Entsteht ein Sturmwind, so leiden ganze Caravanen Schiffbruch auf ihm, und werden von den Sandwellen verschlungen und begraben. Dort ist im starren Felde nie eine laue Luft. Ein dicker ewiger Nebel deckt die öde Gegend, wie eine schwarze Nacht, und unbesteigliche Eisgebürge schröcken den fernen Schiffer vom annähern und landen ab. Allezeit einsam ist die Wüste, immer unwirthbar.

Gleichwol speist der Allmächtige Israels Heere vierzig Jahre in den Wüsten. Er speist sie nicht nur, er sättiget sie; er sättiget sie nicht nur, er befriediget ihren lüsternen Gaumen. Ströme von Wassern fliessen aus toden geschlagenen Felsen, wo nie eine Quelle war. O gütiges, erbarmendes Wesen, führe uns auch also durch die Wüste der Welt hindurch! Wie? sagt der Widerspruch: ist denn die ganze Welt eine Wüste? Ja freylich ist sie es. Der Krieg macht sie dazu. Du siehst überall seine Spuren. Oede Schlösser, geplünderte Städte, entvölkerte Dörfer, verwühlte und zertrettene Aecker, was sind sie anders, als Wüsteneyen? Auch im Frieden macht der Wucher, ein scheusliches Raubthier in Menschengestalt, die volle Welt zur Wüste.

Die

Die Wiese.

Der Mensch ist wie das Gras, das von der Sichel stirbt,
Die Wiese heut noch ziert, und morgen schon verdirbt.

XX.

Wenn das grüne Meer der Wiesen vom frischen Winde wallet, so mischen Blumen und Gras die schönsten Farben. Frühe glänzet die Wiese noch vom beperlten Thaue, dem sanfteren Abfluß des Himmels. Dieser ist kaum vertrocknet und eingesogen, so ziehen die muntern Heerden dahin.

Du kanst auf diesen schönen Auen
Des Himmels reichen Seegen schauen,

Hier

Hier theilt er überfliessend mit:
Hier siehst du in den weichen Fluren
Der wollnen Heerde kleine Spuren,
Die sie im Klee und Grase tritt.

Das gehörnte Vieh graset mit gesenktem Halse, und der frohe Hirt pfeift dazu. Junges Rohr bekränzt die blühende Wiese und ihr Kleid umbrämt das Silber der Wasser, worinnen sich die Ente badet und fortschwimmt.

Der gesegnete Landmann hat schon lange die Höhe des Grases gemessen, und nun im Heumonde bereitet er ihm den krummen Tod. Sie wird gewetzt, die Sense, und schnell liegt die Pracht der Wiese darnieder. Saft und Farbe entweichen, es liegt ein falbes dürres Heu in kleinen Hügeln da: die raschen Pferde eilen herbey und ziehen ihr und des lüsternen Hornviehes Futter auf dem langen Wagen im Triumphe nach Haus.

Alles Fleisch ist Heu, sagt die Weisheit des Himmels, und alle seine Güte ist wie eine Blume auf dem Felde. Das Heu verdorret, die Blume verwelket; denn des HErrn Geist bläset darein. Ja das Volk ist Heu. Der Tod wird nicht umsonst mit der Sense gemalt. Er wirft uns morgen nieder damit, wenn wir heute noch so frisch sind. Aber wenn das Fleisch Heu ist; so muß der, der nur des Fleisches Lust sucht, auch viehisch seyn. Er wird dem Könige gleichen, der von den Leuten verstossen war, der Gras aß, wie Ochsen, dessen Leib unter dem Thau des Himmels lag, und naß ward.

Warum fürchten wir uns vor den Menschen, da sie sterben, und vor den Kindern der Menschen, die als Heu verzehret werden?

Das

Das Feld.

Schau mit Entzücken hin! Aus Feldern, die gebähren,
Steigt hier ein duftend Kraut, und dort die Saat der Aehren.

XXI.

Auf jener weiten Fläche, welche Frucht für die Arbeit giebt, wälzt sich mit grünen Wogen ein flüchtiges Meer hinab. Hier liegt ein Schatz, den jedes Feld dem frohen Landmann bringt, wenn sein Pflug es erst zerrissen und dann der Schweiß gedünget hat. Flora steht da und stickt die smaragdenen Decken des Bodens mit reichen Blumen von Silber und Gold.

- - - - - - - Erwünschter Aufenthalt!
Aus Feldern lacht die Lust, Vergnügen krönt den Wald,
Die Flur durchgränzt ein Grün, und süsser Ambraduft,
Der Herz und Haubt erfrischt, durchirrt die klare Luft.
Es läßt, als ob das Feld, dort Wiesen, hier die Fläche,
Durch Schönheit von der Hand des milden Schöpfers spreche.

Mir schwindelt vor der Pracht; sie reizet mich zu sehr.
Dort scheint ein langes Feld, ein ährenreiches Meer
Den dickbelaubten Wald, woran es gränzt, zu höhnen;
Und trotzet, weil ihn nicht erfüllte Halmen krönen.

Laßt uns noch einen Blick auf die Schöpfungen des Frühlings werfen. Tausendfach schön blühen sie in holder Mischung. Diese kleidet ein sittsames Blau, wenn jene in Golde glühen. Hier ruht eine niedrig, im weissen Gewande, gedemüthiget, wie trauernde Wittwen; dort hebt eine andere ihr schimmerndes Haubt vielblumigt empor und strahlet königlich über gemeine Kräuter dahin. Doch erhöht jede, mit Schatten oder Glanz, den Schmuck der Nachbarinnen und ziert nebst sich die ganze Aue.

Feindseliger, schröcklicher Mars, der du die wilden Heere, die sich dir verschworen haben, auf Felder und Wiesen führest, um die Natur zu verheeren, die Gaben des Himmels zu zertretten und den Landmann zu kränken! Eile von dannen, sonst trift dich die Rache des Höhern, und verzehrender tödender Mangel fliegt von den verwüsteten Feldern auf, schnell und mächtig, wie der Engel des HErrn, der achtzig Tausende im Lager schlug. Stampfende muthige Roße, die die Hoffnung des Jahrs, die grünende Saat abfraßen und den Boden zerwühlten, müsse der Hunger ausmergeln, und diese dir hinter den Mauern der geängstigten Stadt zur letzten Speise dienen, welche die Noth kochet und die Verzweiflung dem vor Eckel sterbenden Kammeraden ungekocht raubt.

Der

Der Weg.

Wähle den sicherern Weg, meide die breitere Bahn;
Diese verfehlet das Ziel, jener nur führet dich an.

XXII.

Oft reizet den Wanderer ein Weg, der mit Blumen bestreuet ist, und eine Aussicht zeiget, aus der ihm Anmuth und Vergnügen entgegen lacht. Wie schnell betritt er ihn, und wie sehr betrügt er sich! Statt an dem Ziel der Tagreise zu seyn und sich der erquickenden Herberge zu nahen, ist er weit abgeführt und von der überfallenden Nacht genöthiget, die abgematteten Glieder auf die kalte Erde zu werfen, die ihm die Ruhe versagt. Zitternd und ungewiß, ob ihn wilde Thiere zerreissen, oder noch wildere Menschen anfallen, schwimmt er im Todesschweiß, fluchet dem Irrthum und ruffet vergeblich dem Tag und der Gottheit. Das ängstlich lauschende Ohr, der einzige übrige Sinn, hört die Tritte des nahenden Feindes, der den Verirrten bemerkt hat. Er wird todt vom Schrecken, in die Höhle geschleppt; der Räuber tödet ihn noch einmal, und Beute und Blut sättigen die verruchte Begierde.

Warum blieb der Unglückliche nicht auf der Strasse, die nicht trügen kan? Auf ihr führt der gesegnete Bauer die Schätze der Erde in die reiche Stadt, und der befrachtete Fuhrmann bringt die Güter des ernährenden Kaufmanns hieher. Der Bürger geht und reitet sie, und die Herrschaften und Grossen der Welt, oder die sich ihnen gleich stellen, rollen in leichtern prächtigen Wägen auf ihr fort, halb schwimmend und halb von jungen muthigen Hengsten gezogen. Sicher vor allem betritt man die Bahn, nur nicht allezeit vor dem Ungestümm des am Weg sitzenden Bettlers. Schrollen und kothigte Lücken, tiefe Löcher und ausgefahrne Gleise achtet man nicht um der Sicherheit willen.

So ist der Kreutzweg, den der Christ betritt. Eine königliche Strassen, die der König des Himmels vorgegangeu ist, und die zu ihm führet. Sicher und ohne Gefahr ist sie, obwol beschwerlich und enge. Breiter und glatter ist der Weg zum Verderben, mit Rosen bestreut, immer reitzend bis ans Ende, dann verwünscht und verfluchet. O Wanderer, besinne dich, wähle den rechten Weg, gehe den sichern!

Der.

Der Acker.

Dem Fleiße giebt der Acker nur die Frucht,
Der Faulheit nicht, die stets vergeblich sucht.

XXIII.

Mit reichen Ernden zahlt der Acker die arme Saat. Doch muß man ihn wohl pflegen und warten. Der Fleiß des stärkern und durch die Arbeit gehärteten Landmanns muß die Pflugschar mit dem Stiere durch die Felder ziehen; dann weicht das Erdreich dem scharfen Zuge und nimmt durchwühlt das befruchtende Korn, doch nicht umsonst, an, sondern giebt es in dickgefüllten Aehren wieder. Der borgende Ackersmann schaut zwar mit Sorgen auf das entfernte Zahlmonath hin: er ist voll Furcht und ängstlichem Warten; er zittert vor der Hagelwolke, vor dem sengenden Blitze und vor dem schlagenden Donner. Endlich blinkt der Erndemond; es kommt die Woche, und der Tag, und die Stunde, die die Arbeit belohnen.

O wie vergnügt sieht man ihn mähn,
Wenn sich die stolzen Garben blähn,
Und Wagen und Gespann belasten.

Die Schnitter schwitzend und doch voll von muntern Scherzen, wetzen die krumme Sichel, und das trächtige Getraid, das die Aehren schon niederwärts beugt, wird unbarmherzig zu Boden geschmissen. Die Töchter des Landmanns, noch froher, als der gedungene Schnitter, erheben sich öfter, als er, von der bückenden Arbeit, und singen in weit schallenden Tönen ein begeistertes Erndelied.

Güldener Friede, vergülde die Furchen jährlich mit Aehren, mache sie reif nach dem Wunsche des Landmanns, und laß die Aecker nie mehr mit Blut und Thränen fliessen!

Ein göttliches Gleichniß, weit über die Gleichniße irdischer Dichter erhoben, macht unser Herz zum Acker und das himmlische Wort zum befruchtenden Saamen. Aber wie wenige Herzen sind, in welchen der Saame zur Reife kommt! Der Feind und unglückliche Kriege nehmen das Wort weg, und hindern die Ernde. Nur etliches fällt auf ein gut Land, das wohl bearbeitet und bereitet ist: dieses aber geht auf und bringt hundertfältige Früchte; Früchte des Glaubens, Früchte der Liebe, die edelsten, seligsten Früchte.

Der

Der Stein.

Nach Jahren hart, im Anfang weich:
Sagt, ob ihm nicht der Jüngling gleich?

XXIV.

Die Beine der Erde, so nennen Dichter die Steine, wachsen, verhärten und zeitigen aus, gleich andern Gewächsen der Erde. Weich, wie der Thon, und Thon selbst sind sie im Ursprung; nichts anders, als eine zähere Erde, die das in sich geschluckte Wasser noch nicht verdünstet hat. Noch kanst du sie formen, wie Leimen, noch zerfährt ein weicherer Schrollen vor der kleinern Gewalt, und die schwächste Faust scheidet und trägt ihn. Mit Jahren ändert er Weiche und Farbe.

Er

Er wird hart und weiß, da er vorhin braun und schwarz war. Vergeblich wagt sich der Arm des Helden an ihn; die Kraft seiner Trägheit widerstehet, und seine unbändige Schwere spottet Händen und Hebern. Er senkt sich, wie Bley und die Last des Ankers, im Grunde des Feldes ein, und will als Herr des Ackers unangetastet bleiben. Ihr müßt ihn töden, und brechen, und in Stücke zerhauen, sonst wird er weder weichen, noch nützlich seyn.

Welche Allmacht, welche Weisheit und welche Güte herrschet im Reiche der Steine! Kein Maler trift die Farben der Marmel, und wir erstaunen über die Figuren der Ammoniten- und Belemniten-Steine. Wie groß ist ihr Nutzen zur Bequemlichkeit, zum Vergnügen, zur Pracht unsers Lebens? Und wer zählt die Steine? Wenn dorten in Granada ein einziger Palast, das prächtige Ueberbleibsel der Könige der Mauren, fast für vierzigtausend Menschen Wohnungen und Bequemlichkeit faßt; so erschrecke ich vor dieser Welt von Steinen, und ich werde geblendet, wenn ich erst die mit Jaspis, Porphyr und andern kostbaren Marmeln ausgelegte Wände erblicke.

Wenn nur, ihr Reichen und Glücklichen auf Erden, indem ihr mit Wänden von Prachtsteinen umgeben seyd, nicht auch euer Herz versteinert wird! Und ihr, ihr Eltern, denkt an die Natur des Steins! Wie Er im Anfange, so ist euer Kind noch weich, und nimmt alle Gestalten an, die man eindrückt. Aber laßt den Knaben nicht verhärten: er wird ein schwerer, unüberwindlicher Stein, der euch noch im Grabe drücket, und niemand wälzet ihn weg.

Der

Der Weinstock.

Des muntern Winzers scharfe Zucht
Bringt uns der Reben süsse Frucht.

XXV.

Mit Strenge und Fleiß wird der labende Weinstock gezogen. Der herzhafte Winzer scheut weder Mühe noch Plage; er gräbt, er wühlt, er düngt; er rottet die wilden Ranken aus, zwickt dem Stocke die Arme, beschneidet ihm die Füsse, und bindet ihm Haubt und Nacken in Stroh ein. Aber herrliche Früchte lohnen den Fleiß. Wenn der Herbst die Berge mit Laube begränzet und wenn der breite Schoos der Hügel von falernischen Reben grünet, denn wann die süsse Last von zeitigen Trauben die schlanken Arme der Weinstöcke niedergezogen hat; dann jauchzen die Winzer vor Lyäen her und tanzen vom frischen Moste begeistert den Berg hinunter.

Der Herbst bricht an, die güldnen Reben
Sind reich an güldner Nektarfrucht.
Der Leser steht bemüht darneben
Und erndtet, was sein Fleiß gesucht.
Die Kelter quetscht die zarten Beeren,
Dort singt das Volk in langen Chören,
Die Andacht stimmt ein dankbar Lied,
Bis nach dem Untergang der Sonnen
Die frohe Schaar mit reichen Tonnen
Und im Triumph nach Hause zieht.
Da preßt man schon die süssen Beeren
Von des Lyäus Fruchtbarkeit,
Um einst die Geister aufzuklären,
Wenn nun der Himmel Flocken streut.

O daß nur der brausende Most und das gährende Mark der Reben das Herz und den Kopf der Sterblichen nicht wild und ungeschickt machten zur Empfindung der Tugend und zur Ausübung der Vernunft! O daß nur der Wein den schwachen Magen stärkte, nur das Herz erfreute, nur den Jüngling zum göttlichen Lied begeisterte, und nur den Alten sein Leid vergessend machte! O daß nie Faunen und Bacchanten in der Gesellschaft derer wären, die den Nektar geniessen, und daß man nicht ewig von Wein und Liebe tändelte! Daß sich der Mensch willig und gedultig beschneiden ließe, wie der nie murrende Weinstock; daß er sodann bessere und süssere Früchte brächte, und daß er, wie die Reben sich um den Pfeiler schlingen, nur an den sich hielte, der sich selbst mit dem Weinstock und seine Glieder zu Reben vergleichet.

Der

Der Baum.

Er rauschet, zum Genuß der Schatten einzuladen;
Und ist er ohne Frucht, so bringt er doch nicht Schaden.

XXVI.

Aus der Erde leitet der Baum durch Mark und Röhren künstlich den Saft, wovon er die grüne Decke webet, welche die angenehmen Schatten über uns verbreitet. Von seinem stillen und waldigten Gipfel träufelt Schlummer und Kühlung auf die Ruhenden herab, und die mitten im Tage von ihm und seinem Laub erschaffene Nacht wiegt unsere Seele in anmuthsvolle Träume ein. O laßt ihn stehen, den erquickenden Baum, wenn er auch keine Früchte trägt! Und wenn auch nur die kleinen Sänger unter ihm ruhen, die auf den schwanken Aesten dichten, so ist er ergötzend und nützlich.

Doch es ist noch nicht alle Hoffnung verlohren. Gedult noch ein Jahr, so zeigen sich etwann blüthenvolle Zweige. Ja, ja, es drückt ihn noch die Last der güldnen Früchte, die sich dem wäßrichten Munde entgegen beugen. Wenn nur die Wurzel noch gut ist, so kommt Laub, und Blüthe, und Frucht. Bringt er keines von allen und hindert er das Land, wohnen auch nicht mehr Vögel des Himmels unter ihm; dann hauet ihn ab und werfet ihn in den glühenden Ofen.

Schonet, wie seiner, also des Menschen, wenn ihr gleich lange vergeblich der Früchte wartet. Der Mensch ist ein Baum, im Garten GOttes gepflanzet: noch immer ist Hoffnung, so lang ihn die Gnade des Höchsten begießt, und die Langmuth pfleget und wartet. Schnell entwickelt sich oft die lang verschlossene Knospe und blühet auf zur Versicherung baldiger Frucht. Ein einziger gesegneter Tag, oft ein kleinerer Theil der Zeit, macht sie reif und zeitiget sie aus, die für verlohren gehaltene Frucht. Dann ist die Freude noch grösser, als über den Baum, der immer trug; groß ist sie, wie die Freude des Vaters über den Sohn, der verlohren war, und sich wieder gefunden hat. Fragt nur den zärtlichen Gärtner, wie er dem Stamme schmeichelt, dem er so oft geflucht hat, und der heuer nach langen Jahren zum erstenmal blühet. Er ist sein Liebling und sein Augenmerk vor andern fruchtbaren Bäumen des Gartens. Wenn aber der Mensch, schon verkrümmt in den Jahren der Jugend, noch mehr verdirbt vom Geiste der Laster, wie das Laub vom Geschmeiße der Raupen; dann legt immerhin die Axt an den verdorbenen Baum. Wehe ihm, wenn er gefället wird!

Die

Die Blumen.

Der Blumen Farbe nicht allein,
Auch ihr Geruch soll reitzend seyn.

XXVII.

Kaum ist der Lenz, siegend über den steifen frostigen Winter, vom Himmel zurück gekehret, so folgen ihm seine Kinder, unzählbar dem forschenden Augen, auch nur in den eingeschränkten Beeten des Gartens, in bunten Kleidern nach. Flora führt diese ihre Zucht an, schmückt sie vollends mit Pracht und Herrlichkeit aus und übergiebt sie ihrem Freunde, dem muntern May, der stolz auf seine Pflegkinder, sie nähret und wartet. Nun lacht die ganze Natur; alles freuet sich, alles eilt aus seiner Wohnung, die neue Welt zu begrüssen, der Mensch aus der engern Stube, und das Thier aus der verschneut gewesenen Höhle. Die jungen Schönen, die Blumen, gleich als wenn sie des anziehenden Reitzes bewußt wären, brüsten sich, und es hebt sich immer eine vor der andern empor, um die Aufmerksamkeit und Bewunderung alleine zu verdienen. Auch das zarte Volk der Blumen ist neidisch; ein vollkommenes Bild der Frauen, die ins Schauspiel gehen, mehr um betrachtet zu werden, als um selbst zu sehen, und die mit ihrer schönen Nachbarin, ja wol mit der geschminkten Actrice, eifern.

Es wagt sich ein Sterblicher, gleich dem Damon, der die Phyllis zum erstenmal küßet, und nähert sich der schönsten unter den Kindern des Frühlings. Sie scheint spröde zu thun und sich vor seiner Bewegung zurück zu beugen. Doch nähert sich endlich sein Gesicht ihrem Haubte. Er findet nicht, was er gesucht hat kehrt schnell zurück, und kommt nicht wieder zu ihr. Eine kleine minder ansehnliche Blume erblickt er beym Niederbeugen zur grössern: sie haucht ihm Balsam und Ambra entgegen; er wird bezaubert von ihr; er führet sie heim, er findet Schönheiten und Farben und Zeichnungen an ihr, die die blendende Spröde nicht hatte; er läßt sie abmalen, und noch lange hernach, wenn sie nicht mehr ist, ergötzt er sich an ihrem Bilde, und an der ihr noch ähnlichern Nachkommenschaft, die er von ihr gezogen hat.

Der May stirbt, und nach ihm das Geschlecht der Blumen, welches die verzehrende Hitze des Sommers welk macht und aufreibt.

Merkt es ihr Schönen! Eure Farbe und Kleiderpracht ist ohne dem Wohlgeruch der Tugend ein blendendes Etwas, das bald verachtet wird, und oft ist es in wenigen Monathen völlig dahin, wie die Herrlichkeit der Blumen.

Die

Die Kräuter.

Ein Kräutgen hat wunderbar heilsame Kraft,
In Wurzeln, im Stengel, in Blüthen, im Saft.

XXVIII.

Der Unzufriedene, der wider die Vorsicht murret, und die Welt zur Mördergrube macht, zählt die Krankheiten und rechnet sie GOtt, als so viel Klagen wider seine Gerechtigkeit, vor. Weis er denn nicht, der ungerechte Thor, daß er, ohne Schuld der Schöpfung, den Saamen der Krankheiten in sich trage, den sein Körper, gleich einem fruchtbaren Felde, von Prassen und Saufen gedüngt und beregnet, unter der Aufsicht der lasterhaften Seele zur Reife und Frucht bringt? Und

dennoch

dennoch war der Schöpfer so gütig, daß er eine unendliche Menge von Kräutern, der wißgierige Mensch und selbst der Forscher Linnäus kan sie nicht zählen, zum Gegengift der vorhergesehenen nie beschlossenen Krankheit gepflanzet hat. Allzeit mehr Gattungen und Arten und einzelne Kräuter, als Krankheiten; immer mehr Mittel, als Uebel; überall andere Pflanzen für andere Plagen und Seuchen. Bald ist sie es selbst, die kleine mächtige Pflanze, die mit der Wurzel, mit Blättern, mit Blumen, mit Beeren, mit Säften, mit Rinden, mit Früchten, mit Saamen, heilende Wunder thut; bald aber handelt die herrliche Kunst mit, macht aus ihr Pillen und Syrup, und Oele, und Wasser, und Geiste, Essenzen, Conserven, Roben und Pflaster, und heilet und stärket also den Menschen, auf dem Krankenlager und in der Verwundung.

Daß man sie noch nicht allgemeiner kennt, die in Kräutern grosse Natur! Daß man noch immer das Kräutgen mit Füssen tritt, das unser edelstes Gut, Gesundheit und Leben, erhält! Und warum kauft man noch immer Gewürze, die den Körper erhitzen und töden, von geitzigen Fremden mit unglaublichen Summen? In unsern Landen und Gärten, auf Bergen und Fäldern, sind Kräuter genug, die herrlich würzen, Geschmack und Gaumen befriedigen, weniger schaden. Sucht sie nur auf, lernet alle die Namen, Orte und Blühzeit, und erprobet die Kraft. Von dem Botaniker aber laßt euch den Kelch, und die Blüthe, die Fäden und Fache, den Eyerstock und Griffel, die Spitzen und Saamengehäuse, den Saamen und die knotichte Wurzel zergliedern, und lobet den Schöpfer.

Aber das Kräutgen vor dem Tod, nicht wahr, dieß wünscht ihr zu finden? Dort wächst es in Eden, beym Baume des Lebens.

Der

Der Thau.

Auf Gras und Blumen ruht mit Pracht
Der Thau, ein Sohn der kühlen Nacht.

XXIX.

Dünste, die in der ausgebreiteten Luft hangen, fallen in unmerklichen Tropfen herab auf die Erde und werden, wenn Aurora den nahen Tag verkündiget, noch mehr aber bey der herrlichen Ankunft des Phöbus, sichtbar. Hier liegt nun auf den Feldern ein silbernes Naß, in welchem sich die Strahlen wiederscheinend brechen und das güldene Bild der Sonne sich spiegelt. Die Fluren sind von Glanz erfüllet und die ganze Natur befeuchtet.

H Blumen,

Blumen, und Kräuter, und Bäume und die Felder trinken von dem Thau ihre Kräfte. Er ist der wahre Lebenssaft der Erde und der Gewächse. Ohne ihn ist kein Wachsthum und keine Frucht. Das Land wird dürre im heißen bangen Sommer, und die Pflanze welkt und verdirbt ohne ihn. Darum segnet der Patriarch den glücklich vermummten Sohn mit den Worten: **GOtt gebe dir vom Thau des Himmels, und von der Fettigkeit der Erde, und Korns und Weins die Fülle.**

Ja, ja der Segen der Väter, der den Kindern Häuser erbauet, ist ein befruchtender Thau. Auch die Gnade des Königes, ist wie Thau auf dem Grase, nach dem Ausspruch des weisesten Königs. Noch mehr ist es die Gnade des Höchsten. Wie eine Thauwolke des Morgens ist sie, wie ein Thau, der frühe sich ausbreitet. Und wenn der HErr strafen will, so muß der Himmel den Thau verhalten und das Erdreich sein Gewächs. Dann wird der Dürre geruffen, beyde über Land und Berge, über Korn, Most, Oel, und über alles, was aus der Erde kommt, auch über Leute und Vieh, und über alle Arbeit der Hände.

Ahmet, ihr Menschen, GOtt und den König mit Wohlthun nach, so fließet ein erquickender Thau von euren Händen. Seyd einig ihr Brüder unter einander: eure Eintracht, singt der göttliche Dichter, ist so fein und lieblich wie der Thau, der von Hermon herabfällt, der auf die Berge Zion fällt, woselbst der HErr Segen und Leben verheißet immer und ewig.

Der

Der Bach.

So schnell er steigt, so schnell verfließt er wieder:
So hebt das Glück, und stürzet schnell darnieder.

XXX.

Aus kleinen Ritzen der Felsen schleicht der schmale Bach heraus und dringt mit sanften Murmeln durch die bemooßten Steine in grüne Tiefen herab. Schlängelnd wässert er mit schwachen Wellen das beblümte Feld; und nur ein ermüdeter Wanderer, gelagert unter dem schattenreichen Kreis von Bäumen, der den Bach umschließt, löschet von ihm den brennenden Durst, nicht aber mehr die zahlreiche Heerde, die sich vor dem führenden Schäfer zur Quelle hindrängt. Im

Grunde sieht man die bespielten Steingen und Kiesel; so lauter und seichte ist der kleine Bach.

Aber wenn in unfreundlichen Tagen, die die Plejaden regieren, die Wolken brechen und stürmende Platzregen herab schütten, dann wird der kleine ärmere Bach mit Wasser bereichert, steigt schnell in die Höhe, fällt schröcklich herab, und braußt, wie ein König der Fluten. Ihm wird die breitere Strasse zu enge; er tritt aus, überschwemmt Felder und Gegend und verderbet das Land.

Es schliessen sich die Fenster des Himmels, und alsbald legt sich der Stolz des geschwollenen Baches. Wohin sich vorhin der Reiter mit dem erhabenen Roße und der Fuhrmann mit den eindrückenden Lasten nicht wagte, um nicht in ungewissen Gewässer zu versinken und von der tobenden Fluth überwältiget zu werden; dahin tritt jetzt der spielende Knab, geht über den entwichenen Bach mit trockenem Fuß hin, oder netzet doch kaum die nackigte Ferse.

In diesem Wasser siehet sein Bild der in der armen Hütte Gebohrne, den schnell ein glücklicher Zufall, schröcklich für andere, reich gemacht hat. Er brüstet sich, öffnet die Schranken und fährt wütend und verschwendend über andere dahin. Schnell versiegt die Quelle und der Zufluß, und er fällt, wie er gestiegen war. Er zieht sich zurück in die niedrige Hütte: man siehts und spottet seiner; vor der Erhöhung war er beliebt, während Reichthums gefürchtet, nun das Gespötte der Knaben und Kinder.

Der

Der Springbrunnen.

- - - - der Druck erhebt
Den Bogen, der in Lüften schwebt.

XXXI.

Natur und Kunst vereinigen ihre Kraft, um dem Menschen ein prächtiges Schauspiel zu machen. Die Natur leihet die Luft her, und diese läst sich von der Kunst einfassen und drücken, um die Wasser zu erheben und in sprudelnde Bögen zu zwingen. Je tiefer man drückt, je stärker ist der Trieb, und je höher der Sprung. Ein künstlicher Sammelkasten fängt die verspritzten Wasser auf und wirft sie aufs neue in die Höhe. Ein immerwährendes Steigen und Fallen

 ergötzt

ergötzt und ermüdet das aufmerksame Aug. Noch zeigt sich diesem der bunte Regenbogen, die schönste Copey jenes grössern von der Natur alleine gemalten. Ungewiß irret das Aug, ob es dem Urbild den Vorzug geben soll, oder der glücklichen Nachahmung. Auch andere Sinnen werden gereitzt. Das Ohr hört im Säuseln und Fallen des Wassers melodische Töne, und der Mund kostet aus der schöpfenden Hand, dem ältern natürlichen Trinkgeschirre der Durstigen, die schmackhafte labende Quelle.

Reise, Neugieriger, nach Versailles. Dort ist eine Welt von Fontainen, welche die Deutschen, wenn sie den Franzmännern alles nachmachen, doch nie schaffen mögen. Unglaubliche Summen werden erfordert, nur um die Maschinen, die schon lange bereitet sind, in das Leben und die Thätigkeit zu bringen.

Wie Luft und Kunst die Wasser heben; so erhebt Vorsicht und Allmacht die Sterblichen. Je mehr sie gedrückt werden; je gewisser und je höher sollen sie steigen. Je mehr sie Neid und Feindschaft drängt und in die Enge zwingt; je eher sollen sie befreyet und erhaben werden. Nur deswegen wird Joseph gedrückt, verfolgt, zum Sclaven gemacht und ins Gefängniß geschmissen, daß er desto höher steige, daß er desto herrlicher und nützlicher werde.

Der

Der Fluß.

Im Ursprung klein, im fortgesetzten Lauf
Hält keine Macht die grossen Fluthen auf.

XXXII.

Anfangs eine einzige Quelle, dann eine Sammlung von rieselnden Bächen, die der Thau und der Schnee und der Regen ernährt, und endlich ein Fluß,

Ein starker schneller Strom, von Dämmen eingeschränkt,
Der an den hohen Wall beschäumte Wellen drängt;
Er bäumt die wilde Fluth, stürmt in die Felsenstücke,
Bespritzt die Wolken selbst und rauscht gepeitscht zurücke.

Doch

Doch endlich weicht der Schutt dem nie ermüdten Stoß,
Die Steine trennen sich, der Pfähle Band wird loß,
Erfreuet fühlt der Fluß, die vesten Eichen wanken
Und bricht mit neuer Kraft durch die verhaßten Schranken.
Nichts hemmt mehr seinen Lauf, ja selbst vom nahen Hayn
Reißt er die Wurzeln aus und stürzet Berge ein.

So groß ist die Macht des Flußes, der im Ursprung ein kaum gesehenes verachtetes Wasser war. Doch ist sie nicht allein schröcklich, seine Macht, sie ist auch nützlich. Er trägt, ohne auszuruhen, die lastbaren Schiffe, und führet Städten den Reichthum, einer den Ueberfluß der andern zu. Das stumme Volk der Fische schießt in ihm wimmelnd auf und nieder, und das graue Heer, der von ihm gemästeten köstlichen Fluß-Karpfen dringt zum Ufer, um uns zum Fang einzuladen. Auf ihm ruht die lange prächtige Brücke mit steinernen Pfeilern und wundernswürdigen Bögen gebauet. Er macht Gränzen, theilet die Länder, scheidet die Städte, und öfters läßt er angenehme fruchtbare Inseln, die er lustig umfließt. Theilt er sich in kleinere Flüsse und Arme so verliehrt er sich endlich wieder und rinnt unmerkbar, wie im Ursprung, in das grosse verschluckende Weltmeer.

Gleich dem Flusse ist der Adel; beyde im Ursprung gering und unedel, aber sie mehren und heben sich durch einen langen Lauf. Der Adel lehnt dem Reiche die tapfern Hände und Arme, und nimmt die Last der Länder auf seine starke Schultern. Er ist die Ehre, und der Reichthum, und der Schutz der Städte, manchmal auch wild und unbändig, wie der die Dämme zerreißende Fluß. Beyde verwüsten sodann dem nicht geachteten Bürger und Landmann die Güter und Felder. Nach langem Wüten und Schwelgen zerfließt auch der Adel in sein voriges Nichts und fällt ins Meer der Vergessenheit.

Der

Der Wasserfall.

Das Wasser eilt dem Mittelpunkte zu
Und findet hier, wie alles seine Ruh.

XXXIII.

Mit einem entsetzlichen Getöse stürzt das Wasser von unbesteiglichen Höhen in grundlose Tiefen. So sind die Kateduben des fruchtbarn schröcklichen Nils. Von steilen Bergen wälzen sich Lasten von Wassern, gleich neuen andern Bergen, in das ewig erschütterte Thal herab. Ein Ton, der fürchterlichste unter allen, die je von Lebenden gehört werden, scheucht alles, was Ohren hat. Mehr als Donner, ein unnachahmliches unbeschreibliches Geräusch, wie wenn die Himmel

 zerbre-

zerbrechen und Welten auf Welten stürzen, wird gehört: ein nie geendigtes, oder immer wieder erneuertes Vorspiel vom letzten Tage der Zeit. Auch von fernen zittert der Unfühlbare; es wagt sich kein Held hin, und die wildesten unter den reissenden Thieren entfliehen mit bangem Schrecken und einem von dem Fallen des Wassers überstimmten Geheule. Eben darum wurden die Quellen des Nils in so vielen langen Jahrhunderten nicht erforschet, weil auch Cambysen, Alexanders und Ptolemäen, herzhaft genug, Egypten zu bekriegen, mit wilden barbarischen Völkern zu kämpfen und durch futterlose Wüsteneyen zu ziehen, auf undurchdringliche Wälder und Berge stiessen, und ihnen grausame schnelle Fälle von Wassern begegneten, die den Muth Gränzen setzten, wie das Eismeer den verwegenen Columben.

Und so lösen sich Wasser, immer schwerer und schneller gemacht von der Höhe des Falls, im Schaum und Dunst auf, sinken herab zu dem beliebten Punkte der Schwehre und Ruhe und erfüllen die Absicht des Schöpfers, wenn sie sich neigen zu der anziehenden Erde, die sie schwesterlich küssen.

Auch wir, ihr Menschen und Brüder, finden den Mittelspunkt unserer Ruhe endlich in der kühlen glücklichen Erde, die nur die groben Theile der Menschheit verschlingt, aber den feinen geistigen Theil, den Hauch vom Schöpfer, in die Höhe steigen läßt, wie die Dünste vom aufprellenden zerschlagenen Wasser. Mancher fällt schnell und schröcklich zur Erde: um seinen Fall herum ist Jammer und Furcht derer, die ihn sehen und hören; aber er selbst, fällt zwar zur Bestimmung, doch nicht zur Ruhe.

Der

Der Sumpf.

Freundin! Siehst du die schlüpfrige Bahn?
Trüglich reitzet und lockt sie uns an.

XXXIV.

Man hält ihn, den bewachsenen Sumpf, für einen ebenen Boden. Freches Gras steigt aus dem grünen Moose hervor und bezeichnet fälschlich den Weg über die versteckten trüben und schlammichten Wasser hin. Nur das höhere Schilfrohr warnet vor der nahen Gefahr, beugt und bewegt sich uns entgegen, um wenigstens etwas von der Fläche des Abgrunds zu zeigen. Noch ist es Tag, und der Mensch von Licht und Sonne umgeben, merket und forschet den Sumpf; oder er wird vom Schaden des andern klug, der unvorsichtig hinstürzt und im unergründlichen Kothe ohne Hülfe versinket. Von fernen weist er dahin, und zeigt dem Gefährten den betrüglichen Ort, und erzählet das Unglück.

Aber wenn die verführende feindliche Nacht den Wanderer auf dem Wege ereilt, dann macht sie ihn sicher, leitet ihn anfangs auf der bebahnten vesteren Strasse und führet ihn endlich zum sumpfichten Abgrund. Er steht, da ers nicht glaubt, am Rand des Verderbens, brüstet sich mit der eitelsten Hoffnung, schaut frech in die Höhe, zählet die Sterne, wie jener thörichte Weise, und fällt in den Sumpf. Unbetrauert sinkt er dahin; Wasser und Unrath füllt den zu spat nach Hülfe schreyenden Mund.

Grün von Hoffnung ist die Bahn, wohin die Venus und die Sirene lockt. So lang der Verstand warnet und das Licht der Vernunft die Wege des Jünglings beleuchtet, entgeht er der Gefahr und hält noch andere zurücke. Aber wenn Affecten und berauschende starke Getränke eine finstere Nacht in der Seele machen; dann rennt er hin, er, der Jüngling, und der Mann, und der Held, in die Arme der buhlenden Dirne, wird noch mehr trunken von Wollust, sieht nichts als Himmel und Freude, und versinkt im Schlamme der Laster. Die Trunkenheit weicht, er erwacht mit verzehrender Reue; zu unvermögend und schwach, sich zu retten und sich aus dem Kothe zu reissen, denkt er sein Unglück und verzweifelt.

Der

Der Wald.

Gar selten ist der dunkle Wald,
Dir, Wanderer, ein sichrer Aufenthalt.

XXXV.

Der Wald ist die Zierde des Erdbodens und sein Gewächse unsere Zuflucht im starren schneidenden Winter.

Dort scheint ein langes Feld, ein ährenreiches Meer
Den dickbelaubten Wald, woran es gränzt, zu höhnen,
Und trotzet, weil ihn nicht erfüllte Halmen krönen.
Doch Zephyr rächt den Wald, der seiner Blätter Pracht
Mit holdem Säuseln küßt und lieblich rauschend macht,

 Sein

Sein frisches Gras durchweht, und solche Dünste streuet,
Woran sich zwar der Sinn, doch auch das Herz erfreuet.
Noch steht ihm Phöbus bey und treibt mit regem Zug
Verborgnen Nebel auf zum schwebend schweren Flug.
Aus dumpfichtem Gebüsch vertheilt er sich in Wogen
Schnell ist der ganze Wald schon rauchend umgezogen
Und röthlich blau umwölkt. Fürtreflich schönes Bild!
Ein Wald, ein schöner Wald, in Wolken eingehüllt,
Woraus sein muntres Grün in edler Höhe blitzet,
Ein Feld ist noch der Thron, worauf er prangend sitzet.

Hier wechseln Eichen, und Buchen, und Fichten, und Tannen, und dort sind Wälder von Cedern und Palmen. Bald reget sich das muntere Heer der Vögel; bald singt die Nachtigall ihr hohes Lied; bald antwortet Echo auf das laute Geblöck der nahen Heerde. Der Jäger lauscht auf das scheue Wild, das mit Brüllen durch die dunkeln Büsche streichet. Ihn schröcket nicht die einsame Nacht;

Er scheuet nicht den Regen, Frost und Winde,
Er läßt sein junges Weib allein,
Daß er die Spur vom wilden Schwein,
Das durch das Netz gebrochen, wieder finde.

Aber dem Reisenden ist der ungewohnte Wald fürchterlich, wenn die schwarze Nacht einbricht. Wachend hat er tausend bange Träume, und ihn schröcket das Wild und der Räuber, auch ein Vogel und ein fallendes Baumblat. Nur der Mond und die nahe Stadt, von der er den Glockenschlag höret, macht ihn Aengsten frey. Jener leitet ihn, und diese ist das Ziel seiner Wünsche.

So müsse uns alle die Tugend der Gefahr entführen, und zur Stadt GOttes leiten!

Der

Der Sand.

Es geht ein Weg durch heissen tiefen Sand
Auch heute noch in das gelobte Land.

XXXVI.

In Libyens Gegenden, wo die heissere Sonne die Menschen verbrennet, füllet ein tiefer Sand die unfruchtbaren Auen.

Dort, wo der Sonne nah die Mittagsgegend raucht,
Und der beglänzte Sand nur Glut und Flammen haucht,
Verzehrt der stete Strahl das siedende Geblüte,
Und wie die Ader kocht, so brauset das Gemüte.

Die

Die Liebe wird hier Wuth, die Rachsucht zügelfrey,
Der Witz geblähter Schwulst, die Andacht Schwärmerey.
Den aufgebirgten Sand, den nie ein Grün beschattet,
Durchzischt ein Schlangenheer, das sich mit Hydren gattet.
Der Löwen dürrer Schlund ächzt hier nach heissem Blut,
Und aus des Tygers Blick blitzt seines Himmels Glut.
Der Mensch gleicht seinem Vieh; die sanfte Menschenliebe
Rührt kraftlos seine Brust, nur blutbegierge Triebe,
Nur ungelöschte Brunst und tolle Eifersucht
Durchdonnern seinen Geist und sind der Gegend Frucht.

Drum eile und entweiche aus diesen Gränzen. Führet dich auch der Weg durch den beschwerlichen Sand; gehe nur, du findest doch immer ehere Fußstapfen, die deine Tritte bestimmen. Verwehen endlich tobende Winde die gewissere Spur; halte dich an die Gestirne, sie führen dich glücklich, und der Himmel ist der beste Compaß.

Der Sand ist die Beschwerde des menschlichen Lebens, und siehe, ganze Gegenden sind voll von ihm. In der Jugend, in den männlichen Tagen und im Alter finden sich diese Beschwerden. Sie hindern uns, glauben wir, an dem Laufe zu unserer Glückseligkeit; und doch kommen wir durch sie endlich dahin. Wir finden immer jemanden, der vorantritt und unsere beschwerliche langsame Reise erleichtert. Verliehren wir den Weg und den Wegweiser, und beladet uns unser Schicksal mit Bürden, die noch niemand getragen hat: so schauen wir auf gen Himmel. Dort, dort funkeln leuchtende, weisende Sterne; sie gehen her vor uns, wie jenes Licht vor den drey Weisen, und sie bleiben stehen am Ort unserer Bestimmung, am glücklichen Ende der Reise.

Der

Das Ufer und der Haven.

Das Ufer zwingt das unbezwungne Meer;
Und Schiff und Volk eilt froh zum Haven her.

XXXVII.

Das Meer, das alle Bande verkennt und Zaum, oder Fesseln zerreißt, hält sich dennoch in Schranken. Wüten und toben und heben sich seine Wellen noch so sehr, so senkt sichs doch endlich wieder zur Ruhe, spielet gelassen ans nahe Land und küsset ganz freundlich den Sand des krummen Ufers. Hier ist das Ziel, das ihm GOtt und die Natur setzt; hier sind die Schranken, die es verehret und nie überschreitet, als wenn der Allmächtige will.

Wilder und unbändiger, als das Meer, ist der verwegene Sterbliche. Sein Geitz nach Ehre und Geld, die rasende Liebe, und die Wuth der Leidenschaft, überschreitet Maas, Ziel und Gesetze. Ihn können weder göttliche noch menschliche Rechte einschränken: jene verachtet er, und diese erkauft er beym gottlosen Richter. Oder wenn er selbst die Rechte verpflegen soll, giebt er sie hin, Buben und Dirnen, um schändlichen Gewinnst. Oft nimmt er von beyden Partheyen, auch von der, die Unschuld und Recht vor sich hat, und ihr Recht bey ihm lösen will, dennoch aber vergeblich schmachtet und den Spruch nicht erlebt. So fährt er gewissenloß über die Schranken hin, die ihm gesetzt sind, und er meynt, gleichwie das Schiff, mit Reichthum aus fremden Landen beladen, den es rechtmäßigen Besitzern entwendet, sicher und froh in den Haven einzulaufen. Doch er sieht ihn nur mit betrüglicher Hoffnung von fernen; und kommt wol zum Ende der Reise, aber nicht in den Haven.

Nicht die Raubschiffe der Barbaren, nur freundliche Seegel landen im Port, und dann ist Freude, und Frolocken, und Jauchzen, wenn sie einlaufen und wenn sie sich der Wahren und Schätze entladen, wovon sie und die Gewässer gedrückt wurden.

Der Tugend und dem Rechtschaffenen, dem ehrlichen Mann und dem Christen, ist der Tod und die Ewigkeit ein sicherer Haven, eine Befreyung von dem schröcklichen Ungestümm des Weltmeers, ein erwünschtes Ziel der langen gefährlichen Reise, nach welcher man sich der Lasten der Erde und der Hinderniße zur Glückseligkeit froh entlediget siehet.

Das

Das Meer.

Sich, wie das wilde Meer die blauen Fluthen thürmt
Und der erzürnte Nord das löcke Schiff bestürmt.

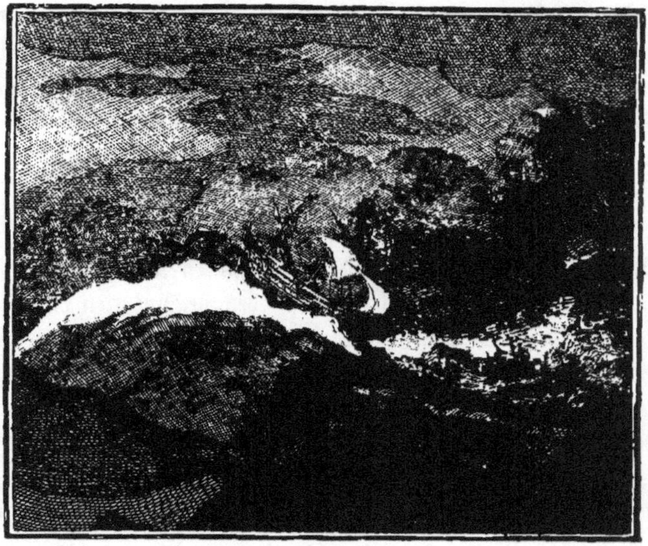

XXXVIII.

Man schifft nicht mehr, man bauet auf dem Meere fichtene Schlösser, mit Donner und Menschen beladen, ungeheure, unüberschaulich grosse Paläste bevölkern die Seen. Sie, diese Schlösser, und ein Wald von hohen verwegenen Masten fliegen im Wettlauf mit den Winden durch schäumende Gewässer. Es waget sich die Fichte:

Sie fährt durch Wellen hin, beflügelt von dem Lauf,
Entfernt sich kühn von uns, sucht fremde Länder auf;

Durch Wuchern wird sich reich, schwer durch der Inseln Schaden,
Auf ihre Beute stolz, mit Schätzen wol beladen,
Ergiebt sie sich dem Wind, streift trotzig durch den Schaum.
\- - - - - - - - - - - - - -

So lang Aeol noch günstig ist, so lange sich noch der helle treue Bär von den gestirnten Höhen weist, und so lange der sichere Steuermann noch singt und der Matrose lärmet; so lange geht die Fahrt noch gut. Aber wenn - - - Welche Veränderung!

Schnell fällt aus dicker Luft ein Strömen gleicher Regen,
Es heult und stürzt der Nord sein fürchterlich Bewegen
Mit tobender Gewalt auf die beschäumte Fluth,
Auf der die finstre Nacht und kaltes Schrecken ruht.
Schnell kreutzen Blitz und Blitz in den geschwärzten Lüften,
Schon rollt der Donner nach und brüllt in hundert Grüften.
Schon wirft ein nahes Feur sich dreymal auf die See,
Es wechseln Feur und Nacht mit Schlägen aus der Höh.
Der Abgrund öffnet sich, und öffnet sich mit Krachen,
Jetzt stürzt das stolze Schiff hin in den hohlen Rachen.

So ist das Meer; beweglich und veränderlich: warum traut ihm der Mensch, der trotzige und verzagte? Warum will er eine Bahn machen, wo keine ist? Warum will er bauen, wo kein Grund ist? Warum verspricht er sich von den Fluthen Treue und Standhaftigkeit, die er selbst nicht hat?

Wie, wenn du dem Volke trauen wolltest, das dort gen Westen wohnt, und das weder sein Genius, noch sein Geblüth beständig seyn läßt! Wie, wenn du dem ewigen Frieden trauen wolltest, der so feyerlich geschlossen, so heilig beschworen und niemal gehalten ist! Kannst du es thun? Kannst du sicher, kannst du mit Weisheit und Klugheit trauen?

Dir

Die Klippen.

Oefters hat die List, als die Macht,
Wie die Klippe hier, Noth und Tod gebracht.

XXXIX.

Schon glaubt sich der Schiffer sicher, wenn er dem Sturme entgangen ist und beym einzigen Blick der kommenden Sonne auf dem Verdecke Land sieht. Welches Jubeln unter dem Volke! Land, Land, ruft einer dem andern zu, und schon flucht der Matrose wieder, den nur die Noth, und der Boreas und ein wilder Orkan das Gebeth abgepreßt hat. Alles jauchzt dem nahen Eylande entgegen, unwissend, ob nicht Caraiben und Canibalen dort wohnen, die ohne Gefühl der

Menschheit, und ohne gereitzet zu werden von der dem Sturme entrissenen Ladung von Silber und Gold, über die Fremden herfallen, sie schlachten, kochen und essen. Voller Freude und Hoffnung rennt inzwischen der unkundige Schiffer auf Bänke, und Syrten und spitzige Klippen hin. Hier ist das Ende der Hoffnung, der Reise und des Lebens. Umsonst wagt sich die aufgehobene Hand zum Himmel. Umsonst ertönt ein fürchterliches Gebrülle vom letzten Gebeth der verzweiflenden Schiffer.

Ein aufgehäufter Damm (es sieht erbärmlich aus,)
Umringt und fesselt sie mit Unflat, Sand und Graus.
Der matte Steuermann schlägt auf den Kopf herab,
Der Strudel reißt das Schiff, und öffnet ihm das Grab:
Noch dreymal dreht es sich, und endlich sinkt es nieder,
Die weite Tiefe zeigt die eingeschluckten Glieder;
Hier schwimmen Bretter hin, dort Waffen, Schatz und Gut.

Vorher entgieng man der augenscheinlichen Gefahr, die lange entgegen drohte: nun kommt man um, ohne Warnung, durch die verdeckte Klippe. Dieß ist die Hoflist, oder besser die Frauenlist; die Scyllen und Charybden, die den gewissen Untergang drohen und schaffen, je weniger man sich ihrer versieht. Dem schnaubenden tobenden Manne, und der offenbaren Macht hält man das Gleichgewicht, oder man kommt aus dem Kampfe mit ihnen mit leichtern Wunden: aber das Weib und ihre List ist fürchterlich, schröcklich wie Jael und Judith.

Die

Die Metalle.

Sie hat der Mensch aus tiefem Schacht
Mit geitzger Wuth hervorgebracht.

XL.

Den Bauch der Erde und das innere Eingeweide derselben durchwühlen die Menschen. Selbst Plutons Reiche nähern sie sich, und mancher eifriger Bergmann webelt um den Taglohn in der offenbahren Hölle. Kein giftiger Dampf, der ihnen entgegen kommt, nicht das fürchterliche Rauschen des unergründlichen unterirdischen Wassers, nicht der nahe Einsturz des untergrabenen Berges, auch nicht einmal die heilig geglaubten Berggeister und kleine Teufel oder Engel können

die

die Sterblichen von dieser Hölle abschröcken. Sie sehen keine Gefahr, so blind sind sie; vielleicht sehen sie auch die vertheidigten Bergmänngen nicht: und darum fürchten und scheuen sie auch keine Gefahr. So verblendet die unselige Habsucht die Augen der Menschen; so spornt der höllische Geitz den Thoren zum unsinnigen Fleiß; so zwingt der verfluchte Hunger nach Gold die Sterblichen zu allen Gefahren.

Es stieß vielleicht der Geitz das erste Schiff aufs Meer,
Und macht der Erde Grund von ihren Schätzen leer.

Der am meisten dabey wagt, sein Leben, sein Alles, der arme Bergmann, gewinnt gleichwol am wenigsten dabey. Er arbeitet Tag und Nacht, er gräbt, er schwitzt, er bringt mit Todesängsten den glänzenden Mammon ans Tageslicht, und muß ihn dennoch entbehren.

So machet ihr, doch nicht für euch, den Honigseim, ihr Bienen,
So traget ihr, doch nicht für euch, das schwere Joch, ihr Ochsen,
So fahret ihr, doch nicht für euch, in tiefen Schacht, ihr Menschen.

Die wichtigste Aufgabe ist diese: ob Gold und Metalle mit grösserer Wuth gesuchet und gegraben, oder verdorben und verschwendet werden? Schier ist kein Weiser im Stande, die Aufgabe zu lösen, und noch immer hält die erstere Wuth der Menschen der andern das Gleichgewicht. Hier ist ängstliche Sorge, bis man das Geld kriegt und wie mans verwahret; dort gleicher Jammer und Noth, bis mans durchbringt und aufzehrt. Dort wird Pluto beraubt und geplündert, und hier Bacchus und Venus mit dem gestohlenen Gute beschenkt und verehret. Welch ein widersprechendes Ding ist der Mensch in seinen Begierden!

Die

Die Edelsteine.

- - - - Nimm dich in Acht,
Betrug und Kunst hat viele nachgemacht.

XLI.

Der stolze unter den Steinen, der hell geschliefene Diamant, funkelt am Kopf und der Brust der noch stolzern Schöne. Sie dünkt sich unter die Sterne erhoben, oder beredet sich wenigstens, daß ihr Putz mit dem Glanz der Sterne um die Wette streite. Geblendet vom himmlischen Schein der Juwele naht sich der Stutzer der Göttin und opfert ihr mit gebogenem Knie. Er schließt von den Steinen auf Reichthum, und will die Summen zählen, die die Göttin vermag: doch sie sind ihm unzählbar. Betrogener Jüngling! Lasest du nie das Bild des Weibes, der grossen Babylon, die Johannes gesehen? **Das Weib war bekleidet mit Scharlacken und Rosinfarbe, und übergüldet mit Gold, und Edelsteinen und Perlen.** Dieß ist deine Göttin. Oder kennst du nicht die Welt, und ihre Künste, und die Betrüger? Aus schlechten Gläsern schleift man jetzt Diamanten. Der Thor trägt sie am Finger, am Stockknopf und auf der blitzenden Schnalle: er kaufte sie für wahre Brillanten und dringt sie auch dem, der sie nicht sehen will, zum sehen auf, künstlich, mit eigenen Gebehrden, unnachahmlich dem Weisen.

Wie mächtig ist die Einbildung der Menschen, die auch die Steine adelt, und wie gültig ist in allen Reichen und Landen dieser Adelsbrief! Aber wie mancher vom niedrigen Pöbel der Steine gezeuget mischt sich nicht unter die Edlen! So ist es also im Steinreich, wie unter den Menschen. Nur sagt mir, ihr Kenner, woher kommt der Wehrt von Hunderten, und Tausenden, und von Millionen, den einzelne Steine haben? Die Härte und Dauer, das Licht und die Farbe, der spielende Reitz - - - Was noch mehr? Man sucht sie und zahlt sie - - - Ist dieses alles? Ich lob mir die Weisheit: ihr gleichet kein Edelstein. Und der alleredelste Jaspis wird verdunkelt von der Herrlichkeit in der Stadt GOttes, die keiner Sonne, keines Mondes, und keiner Steine bedarf.

Die

Die Perle.

Vom Himmel ist sie erzeugt, in trüben Wogen
Des Meers wird sie genährt, gestärkt, erzogen.

XLII.

Wenn der Thau aus den Lüften schmelzt und die Natur den Tropfen in die Runde geformet hat, so empfängt ihn die begierige Muschel mit offenem Schoos. Geschwängert vertraut sie sich und ihre edle Frucht dem trüben Meere an. Schnell kommt das Salz der Wellen, und nähret und stärket das Kind. Die Zeit und der forschende Mensch öffnet die Schaale. Hier liegt die schöne Geburt, weiß, wie der Schnee, ohne Flecken und Mängel. Verächtlich schmeißt man die

Mutter hin, die schön gezeichnete Muschel, und behält das schönere Kind. Dies ist die Freude des Kaufmanns, der eine kostbare Perle fand. Er wickelt sie ein in weiche Wolle und reinere Seide; er bringt sie in die Häuser der Reichen und an die Höfe. Hier nimmt man sie auf, und pflegt sie, und giebt ihr Gespielinnen; sie wird die Geliebte, und niemand denkt mehr ihre niedere Mutter. In eigner Wohnung ruht sie auf sanften Küssen, die ihr eine zarte Hand bereitet, und am Festtage tritt sie mit einem Chor ihrer Schwestern hervor, zieret den Hals ihrer Gebieterin, um den sie sich schlinget, und wird bewundert, geschätzt und um ihre Farbe beneidet.

Eine köstliche Perle bist du, treue Gattin, tugendsames Weib! Ja besser, denn Perlen bist du und die einzige Schöne, die mit dir um mein Herz buhlt, die Weisheit. O welchen Schatz findet der, der euch beyde findet, und wie einträchtig wohnt ihr beysammen! Euch gilt nicht gleich ophirisches Gold, oder köstlicher Onyx und Sapphir. Gold und Diamanten mögen euch nicht verdrängen, noch um euch güldene Kleinode wechseln. Noch eine Perle liegt bey euch beyden, das Wort und das Reich des Himmels. O laßt uns, wie jener Kaufmann, alles verkaufen, und laßt uns die Perle, die drey Perlen kaufen! Und wo, und wie theuer, fragst du? Merke zur Antwort: die eine ist selten, die andere ist theuer, die dritte ist die wohlfeilste und dennoch die köstlichste.

Der

Der Morgen.

Ja, ja es sind Aurorens rothe Wangen,
Du siehst sie dort mit jungem Reitze prängen.

XLIII.

Auf, auf, öffne Läden und Thüre! Aurora kommt, und kündiget dir den nahen Gast an, den angenehmen Gast, den Tag, die Sonne. Auf aus den Federn; schäme dich, wenn es Phöbus sieht, von ihnen bedeckt zu werden. Er, der niemals ruht, lockt dich und die Welt mit dem glänzenden Beyspiel zur Arbeit. Komm Menalkas, öffne die knarrenden Thüren der Ställe, joche die Ochsen, treibe die Heerden. Du Schmid, hebe den Hammer und schlage den widerbrüllen-

 den

den Ambos. Stoß, Jäger, ins Hüfthorn, laß durch die Gebüsche das Jagdgeschrey schallen und verfolge das Reh. Und du, Liebling der Musen, junger Dichter, auf zum frühen göttlichern Lied, zum Buch und zur malenden Feder. Tithonia bringt dir Purpur, und Phöbus die Goldfarbe. Werde begeistert, dichte, singe dem Schöpfer.

Dich lockt die Morgenröthe
In Busch und Wald,
Wo schon der Hirten Flöte
Ins Land erschallt.
Die Lerche steigt und schwirret:
Von Lust erregt;
Die Taube lacht und girret,
Die Wachtel schlägt.
Die Hügel und die Weide
Stehn aufgehellt,
Und Fruchtbarkeit und Freude
Beblümt das Feld.
Der Schmelz der grünen Flächen
Glänzt voller Pracht,
Und von den klaren Bächen
Entweicht die Nacht.
Der Hügel weisse Bürde,
Der Schaafe Zucht,
Drängt sich aus Stall und Hürde
Mit froher Flucht.

O Natur, die du uns alle Tage neu gebierst und neu mit uns gebohren wirst, wie schön bist du! O Tag, was dachte der erste unsers Geschlechts, der noch unsterbliche Adam, als du ihn zum erstenmal wecktest und grüßtest? Ich sehe ihn liegen auf sanft geblähtem Moos; der Morgen hebt ihn, er reibt die Augen und glaubt nun erst zu träumen. Von Lust entzückt dünkt er sich nochmal geschaffen, athmet den Ambraduft ein, horchet der Nachtigall zu und singt in ihr Lied, singt seine Unsterblichkeit und den noch unsterblichern Schöpfer, den er im ewigen Tag denkt.

Der

Der Mittag.

Es ruffet der Mittag, die Speise ist bereit;
Gedenkt der Mittelstraß und eßt mit Mäßigkeit.

XLIV.

Die Sonne erreicht die Mittagshöhe und brennet mit geradem Strahl auf unser Haubt. Die verkleinerten Schatten verschwinden, und keiner streckt sich mehr von der Höhe der Hügel auf die Fluren hin. Es ruht die Natur, und der Vogel schweigt. Der Landmann läßt das bestaubte Rinder-Paar nach Hause schleichen, und der Schäfer treibt die durstige Heerde ins Thal.

Hier

Hier liegt der Schäfer selbst im Schatten hingestreckt,
Wo er das Mittagsmahl in kühler Ruhe schmeckt,
Das nicht die reiche Zahl, der Hunger nur versüsset,
Und das er von dem Knie, und nicht vom Tische isset.

In Städten tönet die Mittagglocke und ruffet von der Arbeit zum Essen. Schon setzt sich der Hausvater zu Tische; die Mutter ordnet die Speisen, die die dienstbare Magd aufträgt, und theilt sie dem Manne und den hoffenden Kindern aus. Auch Phylax, der treue Hund, schaut sehnlich zu und wartet auf Brosame und Beine.

Ihr Kinder, wer speißet euch? Nicht wir sind es, wir Eltern, die euch nur die Speise zubereiten und austheilen. Der Allmächtige ist es, der euch, und die Thiere, und alles Fleisch sättiget. Fallet nieder und bethet ihn an. Esset, werdet satt, und bethet ihn abermal an mit Danken und Preißen. Schmecket und sehet, wie freundlich der HErr ist, der HErr, der nicht nur den Hunger stillet, der HErr, der ihn alle Tage stillet, der HErr, der euch auch mit Wohllust satt machet. Bethet ihn an und saget: seine Güte währet ewiglich.

Aber denket des Mittags, der Mitte des Lebens, und der Mitte, die ihr in eurem Thun, die ihr im Essen und Trinken halten sollt. Esset, um zu leben, und lebet nicht, um zu essen. Der Mittag erhitzt euch, und ihr esset im Schweiß des Angesichtes das Brod. Hier ist Fluch und Seegen beysammen: traget den ersten ohne Murren und macht euch würdig des letzten.

Der

Der Abend.

Wenn Phöbus seinen Wagen zur kühlen Ruhe lenkt,
Erscheint noch nicht die Stunde, die Lastern Ruhe schenkt.

XLV.

Erst glänzet der Abend in Purpur und Gold, und die müde Sonne geht in voller Majestät unter, in eben der Majestät, mit welcher sie im güldnen Osten entzückend wieder aufersteht. Dann wachsen die Schatten, schwärzen Berge, Thäler und Busch, und der Himmel erblaßt endlich in ein falbes Grau.

Die Schäfer hatten schon die Flöte weggethan,
Und hiengen sich nunmehr die leeren Flaschen an.

M Der

Der Rauch steigt allgemach aus den entfernten Hütten,
Wo ihre Mutter schon den Knoblauch eingeschnitten.
Die Ziegen waren satt, sie konnten kaum mehr stehn,
Und liesen selbst die Milch aus allen Strichen gehn.
Die Triften wurden leer, man sah die dichten Haufen
Mit blöckendem Geschrey nach ihren Horden laufen.
Die Schatten streckten sich, der Abend brach herein,
Und jeder Hirte trieb die Heerde wieder ein.

Nichts ist angenehmer in der Natur, als der Sommerabend, in welchem durch die erfrischte Luft gelinde Weste fliessen, mit denen sich der Dampf gesunder balsamischer Kräuter mengt:

Wenn sich des Phöbus Strahl im Abendroth versteckt,
Die Luft sich lieblich küßt, und keine Hitze schröckt.

Aber nichts ist trauriger und fürchterlicher, als der lange einsame Winterabend, den wir entfernt von der Stadt ohne Gesellschaft hinbringen. Dann wird die gesuchte Ruhe zur Unruhe, dann wacht das Gewissen und die Handlungen des verstrichenen Tages in der Seele auf; dann kommen die Gedanken, die sich unter einander verklagen und entschuldigen.

Jüngling, was du thust, frohne der Tugend, damit du nicht am Abend des Lebens von der unruhigen bangen Reue gequälet werdest. Sie naget das Eingeweide und verzehrt die Gebeine. Wohl, wohl dem, der sie nicht kennt, und dessen Thun ihr schwerer Tritt niemal begleitet hat!

Wenn du nun aber, Mensch, zur Ruhe gehst; so denke den Tod, den Bruder des Schlafs. Singe dem Schöpfer dein Abend- und Sterblied zugleich. Stirbst du einst, so glaub, du entschläfest und werdest, obwol nach längerm Schlaf, sicher wieder erwachen, wie du am heutigen Tage erwacht bist.

Die

Die Mitternacht.

Auf geschwärztem Gefieder,
Lies sich dort die Nacht hernieder,
Die den Traum gebiert.

XLVI.

Die Sonne entfloh, der Tag mit ihr, und der Abend hat der ungetreuen Nacht die Pforten eröffnet. Die dunkle Höhe des Himmels durchstralt ein matter Glanz von ungezählten Sternen. Nicht streift mehr das muntre Flügelvolk durch die finstre Luft, und kein Wild mehr durch den dicken Wald; sie ruhen in Nestern und Höhlen. Auch der verdroßene Mensch wirft die geschwächten Glieder mit Sorgen,

Mühe und Last auf die weichen Federn hin, die öfters unter ihm zu Steinen werden: Kurz: alles ruht und schläft.

Die Lampen schliefen ein, die Fenster wurden schwarz,
Da denen, die noch spat der Weisheit Opfer brachten,
Das Buch aus ihrer Hand, der Leib aufs Lager sank.
Die Stille herrschte nun; man hörte nur allein
Bey jedem Glockenschlag die muntern Wächter rufen.

Nun gebeut Morpheus, und Phobetor, und Phantasus, die Kinder der Pasithea, über die Welt. Sie verliesen ihren Sitz unter den Blättern des Ulmenbaums in der Hölle, schwärmen mit unbeschränkter Gewalt auf der Erde herum und höhnen die Menschen. Sie leihen der schmeichlerischen Lügen den angenehmen Schein der Wahrheit. Hier liegt Timon und erlebt im Traum ein Vergnügen, an das er wachend nicht gedacht hat. Dort wird der Bettler zum Edlen und zum Herrscher, und nach kurzer Regierung erwacht er, indem er den verjährten Gram und den anhaltenden Hunger fühlt. Der Verliebte träumt von den Küssen, von freywilligen Küssen der Phyllis; er wiegt sich, der stolzen Schöne zum Troz, die ihn wachend verachtet, in den entnommenen Traum, geniesset die Schattenlust und umarmt nochmal das holde Gespenst. Der Habsüchtige zählet die Gelder, die er sich wünscht, streicht sie froh ein und fühlt noch beym Erwachen ihre niederziehende Schwere und die eingesetzten Nägel in den geschlossenen Fäusten. Noch andere beherrscht Morpheus grausamer und plagt sie mit hartem Gefängniß und schröcklichen Blutgerüsten, läßt sie waden im heissen Sande und den Stein des Sisyphus wälzen; er martert und drückt sie troz allen Kobolden und Hexen. Auch wachend träumen die Thoren, und haben Reichthümer und Ehre, und Schönheit und Gelehrsamkeit, und Tugend und gute Werke genug: aber am letzten Tage, wenn alles erwacht, und alle Träume verschwinden, dann werden sie da stehen, beschämt, in der erbärmlichsten Blösse.

Der

Der Frühling.

Der neue Frühling rauscht auf sanften Flügeln herab,
Die Erde thauet auf, und öffnet manchem sein Grab.

XLVII.

Der rauhe Nord verliehrt das Reich der Lüfte, und der junge Frühling wird auf bekränzten Wagen zum neuen Regimente aufgefahren. Grünende Trophäen zeugen vom Untergang des Winters, und die frohen Lerchen singen vom Siege der täglich schönern Natur dem nahen Wagen des Frühlings entgegen. Vor diesem gehen die Zephyr voran, und die Grazien sitzen beym Frühling und helfen ihm das schwere Füllhorn der Schätze tragen, das ihm die Allmacht, uns zu erquicken,

 geliehen

geliehen hat. So komme den holder Lenz, komme, wir öffnen dir alle begierigst Augen und Brust: wir wallen vor Sehnsucht und eilen, dich zu empfangen; alles wartet deiner, der Mensch, und der Vogel, und das Wild, und die Pflanze.

Selbst ein Greis mit krummen Rücken,
Der den glatten Sessel drückt,
Siehet die Natur sich schmücken,
Siehts und wird nun selbst erquickt.
Sein schon abgegriffner Stecken
Trägt ihn schmeichelnd in sein Land,
Wo er seines Vaters Hecken
Schon vor sechzig Jahren band.
An dem ersten schlanken Baume
Bleibt sein Fuß bedächtig stehn,
Den er in dem eignen Raume,
Wie sich selber, ältern sehn.
Lächelnd sieht er nun die Gabe,
Die der Stamm jetzt dankbar trägt,
Wozu er noch als ein Knabe
Spielend schon den Kern gelegt.

So erquickt der Frühling die Creatur, lockt den gerührten Sinn und den Geist zur Empfindung und erneuert die Liebe; sie fühlet der Schäfer, der Stier und die Nachtigall.

Aber laßt uns den Lenzen auch mit sittlichem Auge betrachten. Warum öffnet er Erde und Furchen? Dich, Mensch, an den Tod zu erinnern, und an das Grab, und dich zu warnen, daß du die Wohllust mässig kostest, nicht eitel Empfindung seyest, sondern auch Geist, der seine Unsterblichkeit denkt, der das Ende des körperlichen Lebens denkt, der den Schöpfer und Richter der Welt denkt! Wie manchen, der den siechen Körper lang geschleppet und den Winter noch glücklich überwunden, wirft der Frühling, so grausam, als der entblätternde Herbst darnieder. Und also ist auch der Lenz, der so sehr vergötterte Lenz, nicht allen Wonne und Lust.

Der

Der Sommer.

- - - - In schwülen Sommertagen
Verzehrt uns bange Hitz, wenn Felder Früchte tragen.

XLVIII.

Des Frühlings bald gewohnt, ist man nicht mehr zufrieden mit ihm, und ruffet den Sommer. Er selbst der Lenz, merkt es, bläst nochmal den lauen Hauch von sich, winket dem Freund, dem nahen Sommer, der hinter ihm hertritt, und entweicht. Im Triumphe führt man den Sommer ein; alles schmückt sich ihm zu Ehren, und jauchzet und vergisset des Frühlings. Ein Kranz von gelben Aehren umringt des Sommers Haubt, der eine Garbe trägt, und seine rechte Hand hält eine krum-

me

me Sichel. Noch ist Freude im Lande, so lange noch gedämpfte Winde streichen, die Bäume sich mit reifen Früchten tragen, die Gärten noch mit bunten Blumen blühn, und alles Feld die güldnen Aehren weiset. Aber

Wenn nun im heissen Krebs die schwüle Sonnenhitze
Die dürren Felder brennt, der Aehren stolze Spitze
Sich traurig niederbückt, ihr welker Halm nicht wächst
Und taumelnd und durchhitzt nach frischem Regen lechzt;
Das aufgeborstne Land mit schmachtender Begierde
Nach nasser Kühlung seufzt, der Gärten bunte Zierde,
Der Wiesen grüner Schmuck vor langem Durst vergeht:

Dann seufzet der Mensch und will verschmachten, er suchet Schatten und Labsal; ihn jammern die Früchte der Felder; täglich hoffet er auf den erquickenden Regen, harret immer vergeblich, verzweifelt schon und gedenkt nun wieder des vergessenen Frühlings.

So sind die Wünsche und Begierden der Menschen. Sie verachten, was sie haben; sie schätzen nur das, was sie nicht haben; sie suchen Veränderung; sie wissen und verstehen nicht, was sie bitten, und sie wollen, die Thoren, kein Ungemach und keine Hitze vertragen, bald ewigen Frühling, bald den Sommer, bald wieder den Frühling haben.

Der Christ denkt sich den Sommer, als einen Seegen der GOttheit: es soll nicht aufhören, verheißt diese, Saamen und Ernde, Frost und Hitze, Sommer und Winter: er denkt sich aber auch den Sommer als das vollkommenste Bild seines Kreutzes und Leidens. Er dultet die Hitze und Angst, denn sie ist fruchtbar und verspricht die reicheste Ernde; nie verzweifelt er, sondern hoffet gewiß auf den Thau des Himmels und den labenden Regen.

Der

Der Herbst.

Er schenkt, indem er Früchte bringt; und raubt,
Indem er Wald und Feld und Baum entlaubt.

XLIX.

Der Herbst, beschattet an der Stirn vom breiten Rebenlaub, trägt ein reiches Fruchthorn und geht am Arm der Pomona, von den Priesterinnen des Bacchus begleitet mit ernsthafter Freundlichkeit hinter dem Sommer her. Und wenn er nun

\- - - - die falben Blätter pflücket,
Wenn sich die kühle Luft in dicke Nebel hüllt,
So wird der Erde Schoos mit neuer Zier geschmücket,
An Pracht und Blumen arm, mit Nutzen angefüllt.

Des Frühlings Augenlust weicht größerem Vergnügen,
Die Früchte funkeln da, wo vor die Blüthe stund,
Der Aepfel reifes Gold, durchstriemt mit Purpurzügen,
Beugt den gestützten Ast und nähert sich dem Mund.
Der Birnen süß Geschlecht, die honigreiche Pflaume,
Reitzt ihres Meisters Hand, und wartet an dem Baume.

So schmücket sich das sterbende Jahr! der herbstliche Hain ist bunt, wie im Frühling die Wiese, wenn sie voll Blumen steht. Ein röthliches Gemisch zeigt sich von dem Berge ins Thal, von immer grünen Tannen und Fichten gefleckt.

Aber es rauscht auch schon gesunkenes Laub unter des Wandelnden Füßen; ernsthaft irren die Heerden auf welkem blumenlosen Gras: nur steht die röthlichte Zeitlose da, der einsame Bothe des nähernden Winters. Auch der Weingott verkündigt taumelnd den Winter, wenn er sein trunkenes Evoe durch den kahlen Hain ruft und den starrenden Winzern Erwärmung und Glut zutrinkt.

Wie steht es mit dir, Sterblicher, wenn der heilige Wächter auch über dich die Stimme ruft: Streifet dem Baum das Laub ab! Hast du auch vorher Früchte getragen? Hast du mit Wohlthun die Welt gesegnet, wie die sterbende Natur? Und ist dir dein Tod auch so erwartet, wie dem Landmann der Herbst? Ist er dir so erfreulich, wie den Weinländern die Lese? So soll es wenigstens seyn: wir sollen mit Segen und Freude sterben. Denn legen wir gleich Früchte und Laub und Aeste ab, so bleibt doch der Stock mit seinen Wurzeln in der Erde. Derselbe wird in den Tagen des Frühlings wieder hervor treiben und grünen und blühen; dann wird er erst seyn der Baum an den Wasserbächen gepflanzet, der seine Frucht bringt zu seiner Zeit und dessen Blätter nicht mehr verwelken.

Der Winter.

Im erwärmten Zimmer
Bey der Lampe Schimmer
Bringt der Winter Frucht.

L.

Eine Krone von dürrem Reisig zieret das Haubt des verdrießlichen Winters, der im Schafpelze, mit bereiften Haaren und langem befrornem Barte, gebückt einher schleicht. Man denkt ihn als einen Tyrannen, der alles verheeret und nie glücklich macht. Le Poußin malte ihn so gar unter dem Bilde der Sündfluth, mir allem dem Schrecken, den ein so entsetzliches Bild einflößen muß.

Man thut ihm unrecht, dem alten Greisen: er ist wie die Nacht,

\- - - - die Müh und Last versüsset

Und einen schönen Tag mit stiller Ruh beschliesset.

Er erlaubet uns, daß wir in gewärmten Zimmern den reichen Herbst geniessen, und inzwischen hüllet er, uns zum Besten, die fruchtbaren Wiesen und Felder in ihr weisses Gewand ein.

Dann ziehet auch der Hirt in die beschneyten Hütten,
Wo fetter Fichten Dampf die dürren Balken schwärzt:
Hier zahlt die süsse Ruh die Müh, die er erlitten,
Der sorgenlose Tag wird freudig durchgescherzt.

Auch wenn die Natur noch so grausam scheint, ist sie prächtig und gütig. Es hat der Winter seine Zierde und Herrlichkeit so gut, als eine Jahrszeit; er hat seine eigene Lust und seinen Zeitvertreib, und er thut, was er thut, zum Vortheil der Menschen. Auch die Flüße, wo vorhin Schiffe giengen, nun muntre Rosse wiehern, starren und stocken vor ihm zum Nutzen der Handlung und des Gewerbes. Die Natur schaft Holz und Pelze, um die Menschen mit dem Winter zu vereinen, und die Kunst bewahrt die Häuser, und Zimmer, und Wägen, und erfindet Oefen, und gedoppelte Fenster, und Läden, und Matten, und Betten, und Kleider, um im Winter zu leben, wie im Frühling und Sommer. Begiebt sich der Mensch manchmal dieser Güter und frieret auf dem klingenden Schlitten; so schätzt er die Lust, die stärker ist, als der schneidende Nordwind, und lobt sich den Winter, wie der, der ihm den Schlitten geliehen hat. Noch mehr lobt ihn der ermüdete Krieger, der auf dem blutigen Kampfplatze schon in die Quartiere hinschaut, die er beym reichern nie geschonten Bauern bezieht, wo er unter dem Preiß seiner Thaten und unter Drohen und Schelten die feisten Schinken vom Schorstein herablockt. Am meisten lobt den Winter die einsame Muse, die beym wohl genützeten Oele Blumen und Früchte aus Büchern zieht, schöner, als sie Flora beym lauesten Zephyr gewähret.

Das

Das Eis.

Wer dem Glücke traut
Hat auf Eis gebaut.

LI.

Kaum hat der Winter den Flüssen, Bächen und Sümpfen die gefrornen Fessel angelegt, so eilt schon der verwegene Knab hin, dieser gebundenen zu spotten und auf ihren geduldigen Rücken zu tretten. Es ist wirklich etwas für den Stolz der Menschen, auf den unwegbaren, sonst nie als vom Winter bezwungenen Wassern einherzugehen. Oder es locket sie der spiegelnde glatte Crystall, in den der scharfe Nord die Flüsse verwandelt. Genug, sie fliegen hin, Junge und Alte, auf das verstei-

 nerte

nerte Wasser. Die Knaben jauchzen, und lärmen, und fahren hintereinander her, und glitschen, und fallen, und jauchzen wieder, und leben und wohnen auf dem gebahnten Eise. Andere binden eiserne Schuhe an die flüchtigen Füsse, und rennen mit jedem galoppirenden Pferde sicher in die Wette. Die sich schämen, oder nicht wagen, den Flug auf dem falschen Eise mitzumachen, stehen am Ufer, und glatschen mit erfrornen Händen den Beyfall zu. Schnell bricht einmal die schlüpfrige Bahn und sinkt mit den schwerern oder verwegnern von den muthwilligen Knaben ins tödlich kalte Wasser. Der Scherz wird frostig und das Jauchzen verwandelt sich in die Stimme des Wehklagens und in den Ton der Gefahr. Schröcklich fliegt dieser Ton in die Ohren der sorgsamen Eltern, die ihr Kind schon für verlohren halten und in den geöffneten Fluthen begraben sehen. Doch eilet alles zur Hülfe, mit Stangen und Leitern und Stricken, und man rettet noch den starren Knaben, der tropfend zur weitern Strafe heimeilt. Nun ist er lange vor dem Eise gewarnet, doch noch nicht so stark, deßen Reitz und der lockenden Buben Verführung gänzlich zu widerstehen.

Trauet der Knabe dem zerbrechlichen Eise, so trauet der strafende Vater dem schlüpfrigen Glücke, eben so einfältig, wie jener, und öffter gewarnet, als der thörichte Junge. Ihm weicht das Glück schnell unter dem Fuß, er fällt: sein Fall ist schröcklicher und gefährlicher, als der auf dem Eise, und er ziehet seine Kinder und andere mit sich ins Verderben.

Das

Das heitere Wetter.

Kein finstrer Blick umwölkt; der Augen heiters Licht,
Und wer die Tugend haßt, der kennt die Tugend nicht.

LII.

Noch drohet keine finstre Wolke, auch nicht das kleinste schwarze Gewölke der Erde; der Himmel lacht mit immer heiterm Schein; die hellen Lüfte stehen still, wie ein ruhiges Weltmeer, und halten den durchbrechenden Glanz der Sonne nicht auf.

So wie bey heitrer Luft sich die zufriedne See
Vom stillen Zephyr bläht, es wallt die blaue Höh
Und locket die Najaden
Und Amphytriten, sich mit stillem Spiel zu baden.

So

So ist der heitere Tag, der Tag der Wonne, der die Menschen aus Häusern und Städten in die Felder und Gärten lockt. Sie verlassen die Steinhaufen, die nichts als vornehme Gefängnisse sind, und besuchen das freye Dorf. Dieses und die sonst verachtete Bauernhütte kriegt einen Werth vor dem grossen Palast, in welchem Verdruß und Eckel, verzehrende Geschäfte und tödende Sorgen herrschen. Lasset die Schöne reden, die hier in unserm Gemälde steht. Die Heiterkeit des Himmels begeistert sie, sie singt:

Hier wo im Bild Natur und Unschuld thronen,
Reitzt mich dein Glück, o du Zufriedenheit!
Wo Unschuld nur und keine Laster wohnen,
Verlernt man bald der Städte Ueppigkeit.
Hier schleicht kein enger Gram durch meine schwachen Glieder,
Müd eil ich zu der Ruh und froh erwach ich wieder.

Beglückt, wer auf dem Land, in eignem Schatten lieget,
Die Schöpfung um sich sieht, und sich daran vergnüget;
Wer in den dunklen Hainen von reiner Luft gekühlt,
Die Schauer der Entzückung tief in der Seele fühlt,
Auf Fittigen der Ruh zum Schöpfer sich erhebet,
Und weisen Tiefsinnsvoll empfindet, daß er lebet!
Wer vom Geräusch der Städte, im denken ungestört,
Mit seines Hauses Göttern zur Einfalt wieder kehrt!
Im mäßigen Bezirk von väterlichen Gründen
Wird er dich, o Natur der Alten, wieder finden,
Ein freyer Erdenbürger, nicht Thoren ausgestellt,
Und unter deinem Zepter Herr seiner kleinen Welt,
Der hier auf eigner Flur und dort auf eigner Weide
Die Heerde wimmeln sieht und wallendes Getraide.

O Tugend, du bist das in der Seele, was der heitere Tag der Welt ist! Du bist Vergnügen, und Wohllust, und Zufriedenheit, und du wohnst seltner in Städten und Palästen, als auf dem glücklichen Lande.

Der

Der Wirbelwind.

Der rauhe Sturm gleicht dem Tyrannen,
Der, was ihn flieht, verfolgen heist.

LIII.

Ein wilder Hauch dreht die Lüfte in Wirbel; ein jeder Wind bläht sich zum Widerstande, und bald erliegt hier ein Eichenbaum, bald dort eine Fichte.

Es bricht aus tiefer Höhlen Schoos
Das Heer der Winde brüllend los,
Braust um den Hayn, kracht in den Eichen,
Zischt durch die Wipfel, schlägt, zertheilt

Die Esche, die im Fallen heult,
Und rauscht und wirbelt in den Sträuchen.

Es wagt sich der schröcklich mächtige Sturmwind auch in die Städte. Er meldet sich an den hohen Glocken, die er zum fürchterlichen Getöne bewegt. Thürne, und Paläste, und Wände erzittern vor ihm. Nur die von dem umgebenden großen Häusern verachtete niedrige Hütte ist so lange sicher vor seiner Wuth, bis sie durch den gefährlichen Nachbar und durch den stürzenden Schorstein verunglückt. Auf den Strassen treibt und hebt er die Menschen: die Mäntel der Männer fliegen wie Segel, und die Schürzen der Weiber schlagen über den Kopf zusammen. Dem ihm entgegen gehenden raubt er den Athem und das Gesicht. Alles flieht, und wer klug ist, suchet ein Haus.

So wenig der Mensch mit Winden kriegen kan, so wenig setzt sich der Kluge wider das Glück und wider den Zorn. Er entgehet beyden und rettet sich ins Haus der Weisheit. Hier ist er sicher, bis der Sturmwind in der politischen Welt, der Tyrann, der gehaßte Nero, ihn mit dem Henkers-Schwerde, welches sein einziges Gesetz ist, ins Zimmer verfolget.

Der Sturm reißt Wälder aus der Erden,
Der Wütrich sucht ihm gleich zu werden,
Der Städte stürmend niederreißt.

Der HErr wird dann unser Trutz seyn, und Er wird diesen Sturm legen, Er, dessen Wege im Wetter und Sturm sind, und wir werden sicher und süße schlafen, wir werden uns nicht mehr fürchten dürfen vor plötzlichem Schrecken, noch vor dem Sturm der Gottlosen, wenn er kommt.

Der

Der Nebel.

Wie wenn den Kreis der Luft ein Nebel trüb gemacht,
Dann tappt der Wanderer, wie in der finstern Nacht.

LIV.

Statt des erwarteten Tages durchziehet öffters ein grauer Schleier die nassen Lüfte, verhüllet das sanfte Antlitz des Phöbus und verlängert die bange Nacht, der wir entwichen zu seyn glaubten. Finsterniß, so dick, daß man sie greifen mag, verbreitet sich über Städte und Felder, und hier stehen wir, wie die in Egypten, deren keiner den andern sahe. Wohl wahr ist das Wort des Wahrhaftigsten und des Allmächtigen: Ich kleide den Himmel mit Dunkel und mache seine Decke,

 als

als einen Sack. Ja wie ein Sack ist es über unsere Häubter gestürzet, daß wir den nächsten Mann, und den Baum, und den Thurn, und das Haus, und die Gefahr nicht sehen. Und was nichts ist, das sehen wir, und sehen es groß. Der Betrug macht neue Berge, Thürne und Flüße, und gegen uns steigt ein hoher Baum in die Höhe, der niemal gewurzelt hat. Wir schonen die Augen, werfen die stärkere Stirn hervor und wollen mit den ausgreifenden Händen sehen. Das ist, wir tappen im Finstern, wie Blinde, scheuen die Gefahr, und kommen in dieselbe.

So macht der Lügner alles groß, was klein und wol nichts ist; so macht der Betrüger nichts aus etwas, und etwas aus nichts. Der Mensch aber ist sich selbst der größte Betrüger. Er siehet Pracht, Ehre, Reichthum und Güter, als sehe er etwas; er tappet darnach, ergreift sie, und hat nichts, das geschätzte Nichts der eitlen Ehre, das bezaubernde Unding, das verblendende Irrlicht, die Kost der Ohren, des Wahnes Tochter, wie der würdige Haller dieß Nichts nennet. Also giebt es einen moralischen Nebel, der die Menschen verblendet, und ihre Tage zu Nächten macht. Die Eitelkeit ist dieser Nebel: und sie überzieht nicht nur die Städte und schwimmet in den Palästen der Grossen, sondern ruht auch schon auf Feldern, Dörfern und Städtgen. Sie verblendet den Bauern, daß er nach dem aufgestülpten Bürgerhut, und den Bürger, daß er nach dem Adel greift. Der HErr strafet die Welt mit diesem Nebel. So sagte Er: Er wird sie schlagen mit Wahnsinn und Blindheit und Rasen des Herzens; sie werden tappen im Mittage, wie ein Blinder tappet im Dunkeln, und werden auf dem Wege kein Glück haben.

Der

Der Schatten.

Schwarz geht er dir beym hellen Tag
Auf allen deinen Tritten nach.

LV.

Auch ein wahres Nichts, nur eine Beraubung des Lichts, und doch erquickend und nützlich ist der Schatten. Ihn suchen Bauern und Fürsten.

Sie suchen von der Glut erhitzt
Den Schatten, welcher kühlend schützt,
Und eilen in die dunkeln Büsche.

Welche Wohlthat, wenn uns, von der Hitze der Sonne entkräftet, die liebliche Finsterniß in den Schlummer wiegt und uns zu guten eine grüne Nacht sich mit dem güldenen Tage gattet. Dann ist der Tag erst prächtig, wenn wir nach der Erquickung ihn aus dem hohlen Raum, in dem wir schliefen, und aus dem kühlen Hayn, und aus dem dichten Walde erblicken. Und wie freuet sich der abgeschwitzte und von der Sonne verbrannte Wanderer, wenn er ein schattigtes Gebüsche findet, in welchem er sich erholen kan. Dieser versteht den göttlichen Dichter, der Schirm suchet unter dem Schatten des Allmächtigen, unter den Schatten seiner Flügel; und die Stimme der Braut: ich sitze unter dem Schatten, deß ich begehre.

Auch theilt uns der Schatten den Tag ab und machet Zeiten und Stunden. Der Hirte bemerkt und kennt ihn, und treibet nach des verlängten Schattens Vorschrift die satte Heerde ein. Durch ihn erfand der Mensch die Uhren, womit die Städte prangen, und ohne sie nicht leben, weder das Geschäfte, noch den Besuch abwarten können. Und was ist das reitzende Gemälde, das Meisterstück der Kunst, die den kühnen Pinsel so glücklich führet, was ist es ohne Schatten?

Gleichwol ist der Schatten nichts anders, als ein dunkler Flecken, der jedem Körper folget, und ein Bild der uns allen anklebenden Fehler. Tritt dir der Schatten schwarz auf der Ferse nach, so wisse Sterblicher, daß dich eben also dein Gewissen und deine schwarzen Thaten verfolgen. Diese vergrößern sich mit der Länge deines Lebens; und wie der Schatten der Bäume am Abend wächst, so werden diese immer grösser und fürchterlicher, je näher du an den Abend des Lebens kommst. Selbst dein Leben ist ein Schatten; es fleucht fort, und bleibet nicht, und deine Tage gehen dahin, wie ein Schatten. O daß dir, der du sitzest in Finsterniß und Schatten des Todes, das Licht erscheine, welches richtet deine Füße auf den Weg des Friedens!

Der

Der Hund.

Ihr lehrt und plagt ihn manche schöne Stund:
O kommt und lernt die Treue von dem Hund.

LVI.

Wir wissen kein Thier, welches an Treue, Gelehrigkeit und Liebe zu dem Menschen den Hund übertrift. Schier verdient er eher eine Lobrede, als mancher nichtswürdiger Mensch. Du sollst sie haben, treuer Phylax; man singt dir zu Ehren:

Wer sah dich je im steifen Modekleide?
Dich schmückt allein ein perlengraues Haar.
Ein kraußer Schweif, bewegt aus stiller Freude,
Ein schwarzes Maul, das doch gefällig war;

Ein

Ein jedes Glied an andern wohl gefüget,
Borgt sich nicht Schmuck aus fremder Kunst zur Schmach,
Doch hat mich oft dein kurzer Hals vergnüget,
Um den gekrümmt ein Band mit Schellen lag.
Kein Eigensinn entzog dich meinen Willen,
Und wenn ich dir ein wenig Zucker wies,
So warst du da, mehr Pflichten zu erfüllen,
Als sonst mein Scherz dir auszuüben hies.
Du wustest dich lebendig tod zu stellen,
Dich konnt ein Sprung zum sitzen schnell erhöhn,
Gleich hört ich dich die Losung dreymal bellen,
Dann tanztest du mit mir natürlich schön.

Die Verschiedenheit der Gestalten, und des Muths und Triebs der Hunde ist beydes gleich wunderbar. Der eine jaget die furchtsamen Haasen und Rehe, ein anderer die wilden Bären und Schweine; dieser stellt die Hüner, und jener hütet die Schaafe; der wacht vor der Thüre, und der holt schwimmend durch den schnellen Fluß die geschoßene Ente. So nützen die Hunde den Menschen, und öffters machen sie ihnen viel Lust und Vergnügen. Der Pudel, gelehriger als mancher Stutzer, steht Schildwache, zahlet die Zeche, spricht laut, gauckelt, springt über den Stock, sucht das Verlohrne, weis es listig zu finden und bringt es. Auch mit der eckeln Krankheit und dem Tode des Herrn hört die Treue seines Hundes nicht auf. In jener verlassen ihn Menschen und Freunde, aber der Hund nicht; schmeichelnd bejammert er ihn und lecket ihm die blutigen Schwüren. Beym Tode heult er, setzt sich aufs Grab, und läßt sich aus Liebe für den Ernährer, den er ängstlich betrauert, willig vom nagenden Hunger verzehren.

Undankbare, Treulose, der Menschheit Unwürdige, geht in die Schule der Thiere, sehet und lernet da, was Treue, Gehorsam und Dankbarkeit sey. Sehet Empfindung und Triebe ab, erweckt sie in euch, werdet den Menschen nützlich und angenehm, treu, aber nicht neidisch, wie Hunde.

Die

Die Katze.

Je mehr die Katze schmeichelnd küßt.
Je schädlicher ist ihre List.

LVII.

Der Nero der Mäuse, die fürchterliche Katze, wartet in ihrem Pelze eingewickelt, unverdroßen vor der kleinen Höhle, und dichtet auf Tod und Untergang. Stille, mit betrüglich weggewendeten Augen, mit scharfen Zähnen und noch verborgnen Klauen bereitet sie der kleinen geschwänzten Creatur das Verderben und passet selten vergeblich. Mit unglaublicher Geschwindigkeit, allein nachahmlich dem schießenden Blitz, erhascht sie die Beute, scheint sie zu herzen, spielt mit ihr, läßt sie laufen, erjaget sie wieder und tödet das Thiergen mit wenigen Bissen. Ist sie ehrgeitzig und stolz, trägt sie den Fang in das Zimmer der Herrschaft, weist ihn mit freundlichem Schnurren, und verlängert dem unglücklich Gefangenen grausam den erwarteten unvermeidlichen Tod.

Niemal läßt sie gänzlich das Mausen; auch die verwandelte Katze vergißt sich an der Seite des Bräutigams mitten unter der Hochzeitfeyer, folgt der Natur und dem Triebe der Gewohnheit, und verfolget, uneingedenk der neuen Menschheit, die laufenden Mäuse.

Doch ist sie mit ihrem Gatten, dem ernstlichen bissigen Kater, nützlich im Hause, reiniget dasselbe von den nächtlichen Dieben, befleißt sich der Sauberkeit und putzt sich öfters des Tages. Auch macht sie den Menschen und den Kindern tausend Freude und Lachen. Sie spielt schlau mit der Rolle, mit den Schellen und mit dem eigenen Schwanze, setzt sich zusammen, ist ganz Buckel, macht die tollsten Sprünge, und wenn sie von dem gehäßigen Hunde verfolgt wird, Sätze über Mauern und Dächer, trotzt dem gelehrten Tänzer und Springer, der ihre Künste niemal erreichet.

Aber trauet nicht der freundlichen Katze. Sie schmeichelt, wenn sie am gefährlichsten ist und mit Ränken umgeht. Wie das tückische Weib, die, wenn sie den Mann betrügt, ihm schön thut, und mit ihm tändelt, dann krellt und beißt, wenn er ihr das Ziel der Wünsche verrücket. Und daher kommt es, daß man dem Weibe aufbürdet, sie fahre in die falsche Katze, und daß man den großen drohenden Kater mit blitzenden Augen für eine verwandelnde Frau hält.

Der

Der Ratze und die Maus.

Begeht nur immerhin das Laster bey der Nacht,
Es wird bey Tag gestraft und an das Licht gebracht.

LVIII.

Kaum hat die Nacht eine finstere Stille geschaffen und die ermüdeten Hausgenossen in die starke Ruhe eingewieget, so schleichen sich die verwegenen Ratten und die schüchternen Mäuse aus ihren kleinen Höhlen hervor. Lauschend, ob keine Gefahr warne, weisen sie einander anfänglich nur die spitzigen Köpfe aus den Löchern, ziehen sie schnell auf das kleinste Geräusch, das selbst eine ihrer Gespielinen macht, zurück, kommen wieder, und wagen sich endlich furchtsam, wie die noch schamhafte Actrice, wenn sie zum erstenmal auftritt, auf das Theater. Nun spielen sie ihre Rolle, werden immer kecker, und bereden sich endlich, Monarchen der Speisekammer zu seyn. Nichts ist sicher vor dem nagenden Zahn dieser gefährlichen Hausdiebe. Fleisch und Gemüse, Speck und Schinken, Schmalz und Brod, und was die sorgsame Mutter vom Vorrath und übergebliebenem noch so häuslich verwahret, wird aufgesucht, angegriffen, verderbt und besudelt. Oft brechen sie, gleich den stärkern verwegnern Dieben, durch die Gewölbe, und machen sich über die Schränke und Kleider und Betten. Sicher vor ihrem Todfeind, der Katze, tummeln sie sich auch wol im Angesichte der Menschen; und wo sie gar nicht schaden, schröckt doch ihr Anblick die furchtsamen Weiber, und der aberglaubisch zitternde Mann denkt Leichen und schwarzes Unglück bey der größern Versammlung der Mäuse.

Der Klügere stellt ihnen Fallen und Netze mit betrüglichen Lockspeispeisen. Sie beschnarchen den angebrannten Speck und schnell fällt die leicht bewegte Maschine über ihren Haubten zusammen. Der Dieb ist gefangen und raßt vergeblich wider alle Ecken und Wände des wohlverwahrenden Kerkers. Am Tage ist Freude im Hause über den Fang des Verbrechers; und nach kurzem Proceße wird der Henker geholet, der ernsthafte Kater, der die Ehre und den Vortheil des Gebieters im Hause so schleinig als grimmig an den Verurtheilten rächet.

Merk es, Verstohlner, daß die finstere Nacht deine Mausereyen nicht decke, daß man dich kenne, und dir Schlingen bereite, wann du es am wenigsten glaubest. Dann kommt, was du nächtlich gestohlen, beym Tage ans Licht; du wirst dargestellt öffentlich und dem Peiniger übergeben, entweder zur beschimpfenden Strafe, oder zum schmählichen Tod.

Der

Der Ochs.

Ins Joch mit ihm, dem dummen Starken,
Der, wie die Ochsen, Hörner trägt.

LIX.

Wir lassen ihm seinen Werth und Nutzen, dem gehörnten Rindviehe, und wir tadeln nicht die Werke der Allmacht, wir verehren sie vielmehr dankend, daß sie uns zum Besten die großen starken Stiere geschaffen hat. Dort am Pfluge nutzen wir sie herrlich, durchwühlen durch sie die ungeschlachte Erde und bereiten dieselbe zur erwünschten Fruchtbarkeit. Wir ergötzen uns an den Fluren des Thales,

Das überall die weißen Heerden füllen,
Und wo aus Lust die fetten Rinder brüllen.

Es freuet uns, daß auch der wilde dumme Stier der Stimme des Menalkas gehorchet und nach derselbigen wandelt und stehet. Wir wundern uns über die Lasten, die ein gejochtes Paar langsam, doch wirklich vom reichen Felde hereinschleppt. Uns reitzet der Anblick und die Hoffnung köstlicher Speise, nährender Brühen, von dem faul einhertrettenden Mastviehe, und wir wissen den Nutzen der Häute, und Hörner, und Beine geschlachteter Stiere zu schätzen.

Aber nur ins Joch, oder zur Schlachtbank mit dem dummen starken Geschöpfe; sonst ist es gefährlich, und so wenig sein weidender Kamerade, als der gefürchtete Mensch selbst von seiner Hörnermacht sicher. Sehet, wie sich dort ein Paar Stiere anschielen und mit vorausghängender Stirn drohend und voll Brunst zum Treffen ausfordern! Mit seltener Geschwindigkeit drehen sie sich um sich selbst, probieren die Waffen, wetzen Horn an Horn, und der stärkere bohrt den Schwächern brüllend zu Boden. Dampfend von Wuth geht der Sieger auf Menschen und kaum scheut er noch den vorgehaltenen sonst schröckbaren Stecken.

So sind die dummen Starken, und die starken gemästeten Faulen. Sie werden Raufer, Aufrührer und furchtbare Rebellen. Beuget ihnen den Hals unter das Joch; lasset den Dummen nicht feyern und reich seyn; fürchtet seine Ruhe, schaffet ihm Arbeit und Lasten, die ihn drückend ermüden, daß er nie die Stärke fühle, die er besitzet. Und ist er noch nicht gebessert, noch nicht gebeugt, immer rebellisch, so weiset ihm das Richtbeil und schlaget ihm mit kühnem göttlichen Rechte den aufrührischen Starrkopf von dem gemästeten Rumpfe.

Das

Das Pferd.

Es bebt der veste Grund der ungebähnten Erde
Vom wiederholten Tritt der angespornten Pferde,
Die Lauf und Ruth erhitzt - - - -

LX.

Stark, muthig und streitbar ist das edelste unter den Thieren, welche die Menschen zu ihrer ewigen Ehre bezwungen haben. Ja stiftet ihnen noch jetzt Ehrensäulen, den kecken Creaturen, ihr, die ihr das geistige Roß reitet und mit muntern Hengsten einher fahret. Welche Gelehrigkeit, welches Genie, welche Eifersucht, welche Ehrliebe, hat

Das

Das erhabne Roß, das muthig vor der Schlacht,
Eh noch der Angriff kommt, den Angriff zehnmal macht,
Die Schenkel munter hebt, und kaum der Erde trauet,
Voll edler Ungedult in Sand und Erde hauet,
Und an die Zügel rückt, und mit den Mähnen fliegt,
Sich in die Höhe hebt, und nach den andern sieht,
Dann ruht, dann wieder schnaubt, und sich zum Laufe rüstet,
Und, wenn es Freyheit merkt, mit Eifersucht entspringet,
Und schäumend und erhitzt dem Feind entgegen dringet!

Und welches Ansehen, welche Schönheit, welche Zeichnung gab ihm der Schöpfer! Laßt uns das schönste unter diesen Thieren beschreiben:

Am Kopfe klein und schmal und vorwärts eingebogen,
An Brust und Kreutze stark, an Schenkeln schlank gestreckt,
An Farbe blaulicht, fahl und apfelgrau gefleckt,
An Schweif und Mähnen voll, doch glatt und kurz verschnitten,
Sonst feurig, leicht und schnell.

Wir lieben sie mit Recht, diese edlen Geschöpfe, und die Natur hat einen eignen Trieb den Menschen gegen die Pferde gegeben. Der kaum jährige Knab zittert schon vor Freuden und hüpft auf den Armen der Kindsmagd, wenn er das bäumende Roß erblicket. Er fürchtet sich nicht vor den Wiehern und Brausen des Pferdes, er ahmet es nach und macht auf dem gepeischten Stecken und auf der rollenden Multer Reiter und Pferd. Endlich kommt er aufs lebende Roß; beherrscht es mit dem Zügel, und mit der drohenden Ruthe glücklich, und ist stolz auf diese Herrschaft, wie das Roß auf den Schmuck.

Das Pferd läßt sich mit Zügel und Ruthe und Schmuck zähmen; aber der reitende Jüngling ist ungezähmt, und läßt sich nicht lenken. Er ist unverständiger, als Roße und Mäuler, die nicht verständig sind, und die, wenn man ihnen Zaum und Gebiß ins Maul legt, endlich gehorchen und zahm werden: er aber verachtet Zaum und Zucht, und ist ein thierischer Wildfang in Menschengestalt, noch weniger, als halb Mensch und halb Pferd.

Der

Der Esel.

Mehr, als mancher, der sich hoch erhob,
Hat der Esel wohl verdientes Lob.

LXI.

Alles schilt den Esel. Er ist ein langohrichtes Thier; ein einfältiger Esel, ein plumber Esel, ein dummer Esel, und ein Gegenstand der Verachtung und des Gelächters selbst der dümmsten Gassenjungen, zumal an Orten, wo man ihn selten zu sehen kriegt. Er soll sich vertheidigen der ehrliche lastbare Esel, er soll den Schimpf abwälzen, den man ihm auf den bereits so sehr belasteten Buckel wirft, er soll sich selbst eine Lobrede halten. Etwann gelingt sie besser, als der theuer erkaufte Panegyricus auf einen Verstand- und Ehre-losen Menschen.

Sehet mich so verächtlich an, als ihr wollt. Mein Geschlecht ist so alt, als das eurige, nicht jünger, als die Welt, und meine Vorfahren sind in den Diensten der Könige, sie sind Lieblinge der Potentaten gewesen. Die lange Gestalt meiner Ohren gab mir der Schöpfer, und sie ist mir mehr Zierde, als den eiteln Frauen ihr übertriebener gethürmter Kopfputz. Nicht nur reitet Mann und Weib sicher auf mir, sondern ich trage auch aufgebürdete Lasten geduldig und zum Besten meiner Besitzer über Stock und Stein, über Berge und Stege, und entgehe durch meine Langsamkeit, deren ihr spottet, der Gefahr, in welche sich das stolze bäumende Roß öfters versetzet. Bey aller Arbeit, die man mir unbarmherzig genug zumuthet, nehme ich mit dem schlechtesten Futter vorlieb, und lasse mich sogar mit Stroh und Disteln sättigen. Juckt mich der Rücken und ich schreye mein den verzärtelten Ohren so widriges Ja, so verkündige ich den Platzregen und werde ein wahrhaftigerer Prophet, als die wünschenden Dichter und überklugen Staatsleute sind. Meine Milch hat eine heilende Wunderkraft, und viele können nicht mehr, als durch sie genesen. Aus meiner Haut bildet man kostbare Bücher, Werke des Geistes und Geschmackes; man schreibt auf sie in zusammen gebundenen Tafeln allerhand Denkwürdigkeiten zum Nutzen und Behuf des Gedächtnißes, und ohne sie besteht nicht die Schule der Rechenmeister. Selbst mein Bild nutzet der gefürchtete Schulmann, und nur der Thor und der Stecken-Monarch, würdiger damit zur Schau ausgestellet zu werden, als der leichtsinnige Knab, misbrauchen es zu ihrer, nicht zu meiner Beschimpfung. Trotz dem, der ohne stinkendes Eigenlob mehrere Wahrheiten mit Grund und Bestand von sich rühmet.

Das

Das Schaaf.

Es ist des Schaafes zarte Wolle
Der braunen Schäfer güldnes Vließ.

LXII.

In der ältern Unschuld der Welt, deren Sinnbild das Schaaf ist, wurde man auch allein durch dieses reich. Damals waren die güldenen Zeiten, als die frommen Schäfer, noch frömmer, als die Arkadischen gebildet werden, nichts, als Heerden, und Schaafe, und ihre Schäferinnen dachten, und ihre Flöten zum Lob des Schöpfers ertönen liesen. Damals gattete sich noch mit dem Reichthum unschuldiges reines Vergnügen, wenn man dort ein Heer von fetten Lämmern auf entfernten Höhen weiden, und hier eine Wolke von Schaafen in der Flur wimmeln sah. Wie schön besingt nicht der Dichter diese weise Bürde der Hügel, und die blöckende Zucht der Lämmer im Thal!

Viele Heerden Schaafe sind auf den Triften zu entdecken;
Wie läßt ihr geschäftig thun sich die fette Weide schmecken;
Welch ein ruffendes Geräusche steiget aus dem Thal hervor,
Und beziehet mit Geblöcke mein hoch aufgespanntes Ohr:
Und indem der Schäfer müde nach der fernen Hütten eilt,
Stihlt noch manches heimlich Futter, wenn es sich im Zug verweilt.

Aber nunmehr ist Niederträchtigkeit und Wucher mit der Lämmerzucht und dem Schäferleben verbunden. Doch wird die Welt noch immer durch die Schaafe reich. Bald macht man Käse aus ihrer fetten Milch, bald nimmt man den verstummten Thieren die Wolle ab, die man zu tausenderley Gebrauch nützet, und bald weis man selbst den Mist von ihnen klug und häuslich anzuwenden. Sticht man sie endlich, die geduldigen Thiere, so sättiget sich der Mensch von ihrem Fleische, und eine künstliche Faust windet ihre Gedärme zu dünnen klingenden Saiten.

Daß wir doch vom Schaafe die Sanftmuth und Gedult lerneten, durch welche Tugenden es sich vor allen Thieren hervorthut! Daß die Menschen nicht wie Wölfe in dem Schaafstalle und unter der wehrlosen Heerde wüteten! Daß es nicht Miethlinge gäbe, die die Schaafe verlassen und fliehen, wenn der Feind kommt! Daß alle Lehrer die verlohrnen Schaafe mit Sanftmuth und Liebe suchten und wiederbrächten; daß sie gute Hirten wären, nach dem Beyspiele dessen, der sein Leben für die Schaafe gelassen hat! Daß die Großen und Gewaltigen die Schaafe nur scheeren, nicht aber ihnen das Fell über die Ohren zögen! Daß zur Ehre der Menschheit kein Nathan mehr dem reichern Könige die Bußpredigt vom einzigen Schäflein halten dürfte!

Der

Der Bock.

Nicht nur der Bart und die Gestalt,
Auch der Geruch verräth ihn bald.

LXIII.

Der Ziegen und der Heerde Mann, der ungestraft so viele Weiber hat, der geile Bock,

- - - - der frech durch Busch und Graben setzt,
Und reich an Muth und an Begier die Hörner an den Bäumen wetzt,

geht, stolz auf den Bart und den gehörnten Kopf, in mehr als männlicher Gravität vor der Heerde und seinen Frauen her, diese aber folgen mit blindem Gehorsam und einer die menschlichen Weiber beschämenden Ehrfurcht ihrem stinkenden Oberhaubte. Bey allem dem Ansehen, das er sich zu geben weis, macht er dennoch seine kindischen Bockssprünge, stutzt, wird zornig, wieder lächerlich, fordert den Rival heraus und würgt ihn, wenn er ihn erhaschen kan. Ihn fürchten die Blüthen, das Laub und die Bäume, denen er Pest und Tod ist. Nur im Vorbeygehen steckt er die Luft mit dem verhaßten Geruch an, und ist der Nase doch noch beschwerlich, wenn er gleich rein gewaschen allererst aus dem hellen Fluße gekommen ist.

Die Einfältigen unter den Christen stellen sich unter ihm den Teufel, oder den Teufel in Bocksgestalt vor. Wenigstens dichten sie diesen mit Hörnern und Bocksfüßen, wenn sie ihm auch den menschlichen Leib und kostbare Kleider lassen. Sie erzählen mit theuern Schwüren und den heftigsten Bedrohungen für den Unglauben, so nennen sie die Vernunft, Geschichten und Thaten dieses Bocks, und des Abholens auf ihm, und der kühnen geschwinden Reitereien, zu welchen er gewißen getreuen Freunden nnd Weibern dienet. Vermuthlich hat man noch die Geschichte und das Bild des gehörnten bocksfüßigten Pans im Kopfe, von dem die Heiden gleichwol nicht so klein und thöricht dachten, als die aberglaubischen Christen vom Teufelsbock.

Die Dichter und Maler brauchen den Bock zum Sinnbild der Unkeuschheit, und es reitet auf ihm die gemeine pöbelhafte Venus. In dem heiligsten Buche wird er für die Sünde genommen, und wenn ihn der Hohepriester verfluchte, so legte er alle Sünden des Volks auf ihn.

Warum nimmt der buhlerische Stutzer Balsam und Wasser und alle Parfümen, (man muß sie französisch benennen die wohlriechenden Sachen) wenn er sich den Menschen und der Gebieterin nähert? Weiß er nicht, daß der Geruch vom Bocke alle andere verdränge?

Das

Das Schwein.

- - - - - Soll das Schwein
Einstens nach dem Tode nützlich seyn,
Ey so mästet es, aber sperrt es ein.

LXIV.

Pfuy des garstigen Thieres, das die Höflichkeit nicht ohne erbettene Erlaubniß nennen kan, und das ich mir weder zu sehen, noch weniger zu riechen wünsche, wenn ich gleich seine feisten goldfarben Schinken nicht verachte. Sehet nur die lärmende Borsten-Heerde, die der zum Verdruß der Ohren klatschende Treiber begleitet, wie sie sich bald da bald dorthin zerstreuet, muthwillig im Kothe wälzet, alle Pfützen und

Las-

Lachen durchstänkert, grunzend an Wänden und Bäumen sich reibet, und schädlich fremde Felder und Aecker zerwühlet. Rennt der Schwarm mit Rasen und Wüten nach Hause, so sucht er, auch gesättigt, doch noch immer nach Unflath und Koth.

Nicht vergeblich verboth der Allweise das Fleisch der Schweine zu essen, besonders in heißern den Aussatz gebährenden Ländern. Auch noch heute bey der Freyheit des neuern Bundes ist diese Speise mehrern schädlich, als man denket und glauben will. Der durch den Pflug gehärtete Bauer und der starke immer bewegte Drescher mag es sicherer genießen, als wir. Soll uns aber die unflätige Sau ja nützlich werden, so sperret sie in den mästenden Stall und setzet ihr bald das Messer an die Kehle: dann laßt uns gleichwol den Speck und die Ribben, und die Würste und Schinken und das Leder vom Schwein kosten und nützen. So geht es ihm dann, wie dem stinkenden garstigen Geitzhals: er ist billig verachtet im Leben, unbrauchbar für sich und die Welt, und durch den belachten Tod nützlich.

Auch das wilde Schwein, wenn es noch so sehr geachtet wird auf den Tischen der Reichen, ist, weil es die Weinberge und Felder verwüstet, das Bild eines Räubers, oder eines grausamen und stolzen Eroberers, welcher alles mit Feuer und Schwerd verheeret. Darum hat die Fabel uns unter diesem Bilde den berühmten Räuber, welchen Meleager an der Spitze einiger griechischer Prinzen mit eigner Hand erlegte, vorgestellt.

Wehe denen, die dem Unflath der Welt entflohen sind, und sich wieder in denselbigen mischen, wie die Sau, die sich nach der Schwemme wieder in den Koth wälzet!

Das

Das Kameel.

Wie mancher Mensch, so scheut sich das Kameel,
Das was es ist, vor andern auch zu seyn.

LXV.

Nützlich, wie der Esel, und noch nützlicher, ist das Kameel, ein lastbares Thier, das die schwersten Bürden trägt, das sich selbst gegen die Last neiget und die vordern Füße beugt, wenn man ihm dieselbe auflegen will. Es wandert in dem glücklichern Asien mit Reichthum und dem Gut des Kaufmanns belastet willig und unverdroßen durch die sandichten Wüsteneyen, ist zufrieden, wenn es das Laub von Bäumen und die Gipfel der niedern Gesträuche abbeißen darf, und

R paaret

paaret sich, der hitzigen Natur ungeachtet, niemal mit seiner Mutter.

Dieß ist der gute Charakter des folgsamen Thiers. Aber es hat auch seine garstige Seite: und wo ist etwas unter der Sonne, das nicht zweyerley Seiten, eine gute und böse Gestalt hat? Es hat das Kameel einen abscheulichen Buckel, und manchmal zween, den einen auf dem Rücken, den andern auf der Brust. Am Maul und Hals ist es garstig und schlangenartig, und so einfältig, daß es weder frißt noch säuft, bis ihm ein anders Kameel ein Beyspiel giebt. So wie die Gähnenden, deren einer den andern und eine ganze Gesellschaft reitzet. Vom Durste noch so sehr getrieben, säuft es nie aus dem hellen Wasser, sondern beweget es erst mit den breitern Füssen, und macht es kothigt und trübe. Und warum, fragst du, handelt es also? Weil es den häßlichen Anblick seiner Ungestalt selbst nicht dulten kan, so verderbt es den Spiegel der klaren Flut und will sich selbst unbekannt bleiben.

Eben so macht es der thörichte Mensch; schimpft auf das Laster und siehet den kleinsten Splitter in den Augen der Brüder, aber nicht seine Untugend und nicht den größern Balken im eigenen Auge. Will ihm der Spiegel der Gesetze solchen auch nur von fernen zeigen, so schmeißt er den Spiegel hin und zertrümmert ihn eher, als er zur Kenntniß sein selbst gebraucht wird. Kommt die Freundschaft und wagt es, denn heut zu tage muß sie es wagen, dem Freunde die Wohlthat zu thun und ihm die Fehler zu sagen; so kriegt sie Undank und Schelten und Verfolgung zum Lohn, und muß den Blinden betrübt seinem Geschicke überlassen.

Der

Der Hirsch.

Er trägt die schwere Hörnerlast,
Und findet nirgends Ruh und Rast.

LXVI.

Wie unglücklich bin ich und mein Geschlecht, seufzt der gescheuchte noch schnaubende Hirsch, der ängstlich nach frischem Wasser lechzet! Wahr ist es, mein Haubt ist mit gezackten Hörnern gezieret, die mir die Natur prächtig zu überwerfen gelehret hat. Sie that noch mehr, die gütige Natur: sie verlieh mir Kräfte und Hoffnung zum langen Leben, und Triebe wider das Gift meiner Todfeindin, der Schlange. Aber sie schützt mich nicht wider die Wuth der Men-

 schen

schen, die mich mit Spießen und Rohren und Hunden verfolgen, mich zu tod ängstigen, ehe sie mich würgen, und endlich doch das Fleisch meines abgematteten und von Hitze verzehrten Körpers verachten und hinwerfen. Sie nennen ihren Blutdurst Jagd und Fürsten-Vergnügen, und es ist ihnen nicht genug, daß sie mit dem Jäger hinter dem Busche heimtückisch auf mein Leben lauern, sondern sie setzen ihr eigenes Leben (die einzige Ehre für mich Armen und meinen Tod!) an das Meinige, und wagen bey der Gewalt, mit der sie mir über Berge und Stein, über Gräben und Thäler nachsetzen, ihr Alles. Entkomme ich ihnen heute, so wartet morgen ihre vermehrte Hitze und ein neu entzündeter Verfolgungsgeist auf mich. So bin ich täglich, und stündlich und augenblicklich in der Gefahr des schmählichen Todes. Dabey gereicht mir die Zierde des Haubtes zu nicht geringer Last; und wenn ich auch die hochgestiegenen Stangen mit ihren Enden muthig und kühn abwerfe, so treiben schon wieder neue aus der kaum befreyten Stirn schnell heraus, und ich werde der kostbaren Last so wenig, als der Gefahr entlediget.

Und geht es uns denn anders, spricht der kleinmüthige Mensch? zum Leben geschaffen, mit Trieben und Mitteln dazu versehen, und von dem Bilde des hohen Alters geschmeichelt, irren wir ungewiß herum, ob wir nicht heute noch von wilden Menschen und Thieren, vom Schicksale und von uns selbst aufgerieben werden. Ja wer ist der, der uns Elende vom Leibe dieses Todes erlöset? Wälzen wir heute eine Last des Jammers, und der Krankheit, und der Noth, und des Mangels ab; so wartet schon eine neue wieder auf uns. Und wie der Hirsch schreyet nach frischem Wasser, so schreyen die Seelen der Beängstigten immer zu GOtt.

Die

Die Spinne.

Ein Thierchen, das mechanisch webt,
In freyer Luft, auf Faden schwebt.

LXVII.

Bewundernswürdig ist
Der Wurm, der mit geerbtem Fleiß
Aus sich sein Wohnhaus spinnt.

Es beschämt die Spinne den künstlichsten Weber, indem sie sich selbst Garn und Kamm, Stuhl und Spuhlen ist, und die zartesten Fäden aus ihrem Leibe anzedelt. Sie handelt trotz dem gelehrtesten Meßkünstler und Bauverständigen nach sichern erwiesenen Regeln, führt in ihrem Gewebe gleich weit abstehende Züge und schließt sie alle mit einem Sechseck ein. Bald thront sie im Mittelpunkte des künstlichen Netzes; bald rennt sie mit unglaublicher Geschwindigkeit seiltänzerisch von einem Baume zum andern. Der Mensch mag also von diesen verachteten Thierchen viel lernen.

O forschte er das Netz der weisen Spinne,
Sie webt es selbst so künstlich, leicht und dünne,
Und zieht der Fliegen schwärmendes Gewürme
Zum zarten Schirme.

So verachtet sie ist, so ist sie, und ihres Körpers Bau, und ihr Gewebe, und die Mannigfaltigkeit ihrer Arten, dennoch auch ein Beweis von dem Daseyn des Schöpfers, des Weisesten und des Allmächtigen. Lernt sie nur kennen in den Schriften des unsterblichen Rösels, der den Eckel und den Scheu der Natur vor ihr so glücklich und mannhaft überwunden, Spinnen gesammlet, genähret und künstlich zergliedert hat: ihr sehet Wunder an ihr, und die treueste Beschreibung, die ihr leset, setzt euch zur Ehre der schaffenden Weisheit in die Versuchung zu glauben, ihr leset Roman und Gedichte. Aber es ist nichts zu groß für die Allmacht, die im Kleinen die größten Wunder thut: und nur Baile, wenn er Leibnitzens, des Fürsten der Weisen, Lehrgebäude nicht widerlegen kan, hält sie zu groß und zu künstlich für den Schöpfer.

Tadelt der verwegene Mensch den Gift an der Spinne; so muß er wissen, daß auch dieser der Creatur nütze, er aber deswegen Vernunft und Erfahrung habe, daß er sich vor Schaden hüte, und daß er nur den genauen Fleiß der Spinne, nicht aber ihre giftigen Tücke nachahmen soll.

Die

Die Bienen.

Kommt, laßet uns nach Art der Bienen,
Aus Blumen, die am Ufer grünen,
Den Saft in enge Zellen ziehn!

LXVIII.

Die Bienen, welche dort, wo Hüblens Thäler blühen,
Der Erd Ambrosia aus jungen Blumen ziehen,
Wer übertrift sie wol? Bewundern müßt ihr sie,
Und schmeckt undankbar oft die Frucht von ihrer Müh.
Kaum ruft die Nachtigall der frühen Morgenröthe,
So grüßt die muntre Schaar die aufgewachten Beete,

Und

Und macht aus ihrem Blut die vollen Zellen reich;
Sie saugt den süßen Schweiß, den jungen Perlen gleich
Ein zitternd Weiß bewegt, auf den cytherschen Blüthen,
Bis Nacht und Kühle ihr den Stall zu sehn gebiethen.

Die Dichter konnten dieß arbeitsame Volk der Bienen, deren Staat die Republiken der Menschen beschämt, nicht oft und schön genug besingen. So dichtet ein anderer von ihren Verrichtungen.

Es ist ein Theil zum Wasserholen,
Ein andrer zu dem Wachs verdammt;
Die bringen jenen zähen Leim,
Den Zellenbau recht vest zu schließen,
Und diese pflegen Honigseim
Den wächsern Hülsen einzugießen.
Auch vielen ist die Wacht befohlen,
Die Hummeln, die sie oft bestohlen,
Von ihren Krippen abzuziehn.

Am Gehorsam womit die Bienen ihrem König und Anführer folgen, gleichen ihnen ohnedem die Unterthanen menschlicher Fürsten und Könige nicht. Diese scheinen zu viel Vernunft zu haben, um rechtschaffen genug zu seyn, und jene, die Bienen, haben weniger Vernunft, um desto getreuer und folgsamer zu werden. Doch erzählt man auch viele Legenden von den Bienen und ihrem Könige, dessen Natur den besten Forschern lang unbekannt war. Selbst die Sittenlehren, zu welchen die Bienen dienen mußten, waren öfters chimärisch, wenigstens diese, daß, wie jede Biene ihre besondere Zelle, gleich den Ordensleuten, hat, also kein glücklichers Leben, als in den Zellen der Klöster sey.

Es ist genug, wenn wir die Bienen zum Muster des Fleißes und der Ordnung nehmen, und wenn sich der Faule ermuntern läßt, ihrem Beyspiele zu folgen. Thut er es nicht, so müße ihn der Bienen Stachel verfolgen.

Die

Die wilden Thiere.

Zum Lobe des Schöpfers sind sie vorhanden,
Zur Ehre des Menschen sind sie gezähmet.

LXIX.

Der mächtige König unter den Thieren, der Löw, majestätisch schön und eben so fürchterlich,

- - - - Wenn Mordlust und Gefahr
Aus seinem Rachen brüllt, daß ihm die Lenden schüttern,
Die wilden Bestien, die seine Spuren wittern,
Vom Ufer durstig fliehn,

wird dennoch unter der Zucht der Menschen zahm und mild. Erde

S und

und Himmel schallen und beben vor seinem Geschrey; nur der Mensch fürchtet sich nicht, wenn er seinen Hals an Ketten geschlossen, oder ihn hinter das Gitter gesperrt hat.

Das fleckigte Tigerthier, das einen angebohrnen Durst nach Menschenblut hat und es wagt, selbst mit dem Elephanten zu raufen, wird auch an der Kette gebändiget, behält, wie der schalkhafte blutgierige Leopart, immer Falschheit und Tücke, fügt sich aber doch unter die Herrschaft der Menschen und in den engen Stock.

Der zotichte pelzichte Bär brummt zwar an der Hand des Treibers, bequemt sich aber doch, nach seinem Ton und Winke zu tanzen und dem Volke von Haus zu Haus ein Schauspiel zu geben. Man stürmt, wenn er ermüdet wird, mit langen Prügeln auf ihn loß, und er läßt sich, zwar erzürnt, doch auch mit furchtsamer Folgsamkeit, aufs neue zum Tanz erwecken.

Und was soll ich von dem Riesen unter den Thieren, dem Elephanten sagen?

Du hast ihn, GOtt, aus Erden aufgethürmet,
Und seinen Knochenberg beseelt.

Er ist der Pracht vom Lande der Meder und Perser, kühn zum Streit mit beßerm Gedächtniß versehen, als mancher Mensch, dankbar, folgsam, gelehrig, höflich und stark.

Die Stärke, so in ihn gelegt,
Verlacht die ungeheuern Lasten,
Die er in dem vergüldten Kasten
Auf dem gethürmten Rücken trägt.

Nichts von Luchsen und Parthern und andern wilden Thieren zu sagen: der Mensch bezähmet sie alle und übt nach dem Freyheitsbriefe, den der Allmächtige unserm Geschlechte gegeben, eine Herrschaft aus, die die größte seyn könnte, wenn sie von der Sünde nicht eingeschränkt würde.

Wo bleibt denn aber die Herrschaft des Menschen über sich selbst? Er ist auch oft ein wildes Thier, tückisch, blutgierig und grausam: er zähme sich also vor andern.

Der Wolf.

Er lauscht mit spitzgem Ohr, und sieht mit offnem Rachen
Nach vollen Triften hin, sich einen Raub zu machen.

LXX.

Der Heerden größter Feind, der Wütrich aus den Wäldern,
Der räuberische Wolf zerreißt auf allen Feldern,
Was nicht mehr fliehen kan; sein Grimm tobt allzusehr,
Die Schäfer fürchten ihn und weiden hier nicht mehr.

Hier liegt einer auf dem schlauen Hinterhalt und wartet, ob nicht der tapfere Hirt, oder die starken Rüden, die Schaafe verlassen. Er dichtet begierig schon wieder auf neuen Raub, wenn gleich von dem alten das abgenagte Gerippe noch neben ihm lieget. Sein gefräßiger immer hungernder Magen verwünscht Hirten und Hunde und er schärfet inzwischen die Zähne. Ein anderer schleicht dorten, wenn Hirt und Heerde schlafen, um den verschloßnen Stall. Ihn schmerzt es, daß man die Thüre nicht öffnet, und daß der wachsame Hund mit anhaltendem Bellen sein Daseyn verräth. Er entfernt sich, lauert auf Menschen, und es gelingt ihm öfters, daß er sie fähet.

Der Wolf, dem an Hunger und Muth und Freßbegierde schier kein anderes Thier gleicht, ist so schädlich und fürchterlich, daß ihn die zagenden Menschen zu gewissen Zeiten so gar nicht beym Namen zu nennen getrauen. Ihr Einfältigen! Aber den Teufel nennt ihr, ruft ihn, und beschwört Legionen, daß sie kommen und euch holen.

Manchmal scheint der Wolf die Art zu verlassen, und läßt sich nicht nur, wie andere Bestien, bändigen und zähmen, sondern er nimmt sich selbst der Menschen an und nähret und pflegt sie. So dichtete man wenigstens von der Wölfin, die die zween unsterblichen Brüder, die Stifter des mächtigen Roms, gesäuget und groß erzogen hat. Aber es giebt auch Menschen, die das Menschliche ausziehen und Wölfe werden. Um desto teuflischer und gefährlicher zu seyn, gehen sie, wie die falschen Propheten, in Schaafskleidern einher, und sind inwendig, (wie wenige aber sehen und wißen dieses!) reißende Wölfe. Sehet euch vor vor ihnen, sagt der warnende Heiland. Ja sehet euch vor, daß sie euch nicht unter dem Schein der brüderlichen Liebe aufs Feld locken, wo sie schnell den Schaafspelz abwerfen und euch zerreißen und würgen. Wehe euch sodann; aber wehe auch ihnen, den Heuchlern und Wölfen!

Der Affe.

Der Aff ein halber Mensch,
Der Mensch ein halber Aff.

LXXI.

Der Affe ist der Poßenreißer und Harlequin unter den Thieren, und darum ist er auch der Liebling der Reichen und Großen. Er wird es bleiben, wenigstens so lange, als der Geschmack am Hannswurst noch nicht veraltet ist. Was wollten auch die reichen Faullenzer, und die unter ihnen, die nie denken, sondern nur ein wenig sehen und hören, thun, und wie wollten sie die lange Zeit vertreiben, wenn der Papagey nicht plauderte, und der Affe nicht seine Sprünge machte. Meiner Meinung nach gehört der Affe, wie die Seiltänzer und Gauckler und Taschenspieler, für den Pöbel, auf die Bühne der Quacksalber und auf den Rücken der Bären, die man zum Schauspiele für die Gaffer und Gassenjungen herumtreibt. Denn ich kan es nicht glauben, daß der Endzweck der Schöpfung des Affens sey, uns durch ihn Scherze und Gelächter zu machen. Es sagt es nur der Vater Abraham von der heiligen Clara, mit Beyfügung der vortreflichen Moral, daß GOtt den Seinigen gar oft einen Gespaß lasse und mache, wie dorten der Sara.

Aber im Ernste vom Affen zu reden, so ist seine Aehnlichkeit mit den Menschen und seine Nachahmung unserer Handlungen wirklich besonder und wunderbar. Thue, was du willst, der Affe macht es nach. Schreibst du, so schreibt er; schnupfst du, so schnupft er; rauchst du, so raucht er; siehst du in den Spiegel, so guckt er auch hinein, und kämmst du die Haare, so kämmt er sich auch. Ja er spielt und sauft mit dir so ziemlich menschlich. Er ist jedoch ein garstigs Thier und macht sich mit seiner hintern Gestalt zum Scheusal der Menschen. Vornen lächerlich, hinten abscheulich.

Merkt es, ihr menschlichen Affen! Ihr seyd ein Abscheu und Gelächter der Klugen. Und doch hört ihr noch nicht auf, ihr, ihr Landsleute besonders, den Fremden nachzuäffen, und kindische Gauckeleyen zu machen? Pfuy der einfältigen Tändeleyen, mit welchen ihr den Franzmännern, wie die Affen den Menschen, im reden, und kleiden, und putzen, und spielen, und scherzen, und singen, gleich werden wollet! Ihr erreichet sie nicht, weil ihre Schwachheit Natur und eure Zwang ist. Euch zum Verderben und ihnen zur Verachtung handelt ihr, wie der Affe, da er das Scheermeßer ergrief.

Die

Die Vögel überhaubt.

Wir schonen ihrer nicht
Weil sie es selbst nicht thun.

LXXII.

Sehet die Vögel an unter dem Himmel! Welche Mannichfaltigkeit an Leib und Genie, an Gestalt, Schönheit und Stärke! Welche Menge, was für Geschlechter, was für Arten! Ein Theil ist stolz auf die Federpracht und pranget, wie der Piphan und Pfau. Ein anderer kennt die Macht und Lieblichkeit seiner Kehle und singt uns ein geistiges Lied.

Der Vögel süßes Lied, daß sie die Liebe lehrt,
Bebt lieblich durch den Wald, und jeder Zweig ertönt
Vom singenden Gefieder.

Ein

Ein dritter bauet in den Wald; ein vierter wohnt an den Wassern und lebt halb in ihnen und halb in der Luft. Dieser wird heimlich, frißt aus der Hand und macht uns tausend Vergnügen, wenn jenen auch der Hunger nicht zwingt, noch ihn der Wildniß entwöhnt. Ein Theil zieht gar mit Klauen und Schnäbeln und starken heftigen Schwingen zu Felde, tyrannisiret, lebt vom Raub und stößt und säbelt das kleinere wehrlose Heer mit den scharfen spitzigen Schnäbeln nieder, und es ist unter den Vögeln, die man für zahme und sanfte Geschöpfe hält, ein Krieg aller wider alle. Einige schaden selbst den Menschen und schröcken sie, wenigstens mit dem fürchterlichen Geschrey, wie die Eulen und Uhu.

Der Mensch stellt ihnen also billig nach, legt ihnen Netze und Fallstricke, berücket, fähet und tödet sie, zur Lust und zur Speise und zur Vermeidung des Schadens. Es gehört mit zur Herrschaft, die unserm Geschlechte der Schöpfer gegeben, daß wir gebieten über Leben und Tod des Geflügels unter dem Himmel. Und wann wir sie denn würgen, so thun wir, ihre Herren, ihnen nicht mehr, als sie sich selbst unter einander thun, und wir üben die Kunst aus, die wir zum Theil von ihnen gelernet haben.

Wer nährt die ganz unzählbare Menge der Vögel, die alle ihr eignes Futter haben wollen? Dieß ist eben der Inhalt der allerweisesten und vortreflichsten Sittenlehre: sie säen nicht, sie erndten nicht, sie sammlen nicht in die Scheunen, und der Vater im Himmel nähret sie doch. Merket ihr Menschen den liebreichen Beysatz und denket daraus die wichtige Folge: Seyd ihr nicht beßer, denn Vögel? Ja unendlich viel besser seyd ihr, aber ihr sollt gleichwol mehr sorgen und sammlen, denn sie.

Die

Die Tauben.

Trommelnde Täubgen schwirren um die Dächer,
Andre bebrüten die belegten Fächer.

LXXIII.

In wahrem unschuldigen Vergnügen lebt das volle Haus und das sanfte Geschlecht der Tauben. Der Schöpfer bedachte ihre Gestalt und ihr Herz. Jene ist unvergleichlich schön, und dieses ohne Bitterkeit und Falschheit.

Hier schielt der bunde Tauber,
Und schwellt den weiten Kropf,
Und dreht sich um sich selber,
Und senkt und hebt den Kopf,

Bis sich die Taube naht;
Dann, stolz bey ihrer Bitte,
Bläht er sich prächtig auf
Und trabt vor seiner Hütte.
Und sie, die schöne Taube, wer mahlt sie, wer beschreibt sie?
Sie ist des ganzen Schlages Preiß,
An Hals und Brust, wie Schnee, so weiß,
Im blauen Schwanz, in blauen Flügeln
Scheint sich ihr Mann oft zu bespiegeln,
Sie trägt die Brust gewölbt und frey,
Die schönsten Latschen an den Füßen - - -

Laßt uns nicht wundern, daß sich der Mensch in diese Thiere verliebe und sich mit ihrer Zucht so emsig und eifrig beschäftige. Wahr ist es, er geht öfters zu weit und schweift aus, wie in allen seinen Handlungen: er nährt die Tauben, besorget und füttert sie, und vergißt die Menschen, die Hausgenoßen, und Weib und Kinder darüber; ja er hungert wol selbst, ehe er eine Zucht von seinem Schlage würgen ließ. Kurz, er ist ein Thor, vergißt und überschaut den Pracht der größern Schöpfung, und vernarrt sich allein in die kleine Taube. Doch bleibt der Taube die Schönheit; und der vortreflichste unter den Dichtern sagt, wenn er ein prächtiges Heer, das zu Felde lieget, beschreiben will: es glänzet, als der Tauben Flügel, die wie Silber und Gold schimmern.

Wir wollen der Sittenlehre des Heilands folgen, klug seyn, wie Schlangen, und ohne Falsch, wie Tauben. Aber nie laßt uns den Wucher der Taubenkrämer nachahmen, deren Sitz der Heiland umstößt, und die er mit gewaltiger Hand, schröcklich und mächtig aus dem Tempel GOttes und der Gemeinschaft der Heiligen treibt.

Der

Der Sperling.

Ein Vogel unverschämter Zucht,
Der lieber stiehlt, als Arbeit sucht.

LXXIV.

Der Sperling hilft den frommen Tauben
Oft ihre Kost vom Schlage rauben.

Er ist billig der verachteste unter den Vögeln, muthwillig, frech, verstohlen, den Feldern und Landleuten schädlich, ein wahrer Haus- und Felddieb. So wie er sich selbst nicht empfiehlt, so hat ihm auch die Natur kein Ansehen gegeben: weder die Stimme und der Gesang, noch seine Federn reitzen uns. Er verkürzt sich durch die Geilheit sein Leben, und das einzige, was noch zu seinem Ruhme gereichen könnte, ist, daß er die häufig erzeugten Jungen mit seltener Treue liebt, sie, wenn sie ihm entrissen werden, auch im Gefängniß besuchet und mit möglichster Nahrung versorget. Sonst ist und bleibt er unwerth, eine Plage der Menschen und der unwürdigste in seinem Geschlechte.

Dennoch ist er ein Gegenstand der Aufsicht und Fürsorge des allmächtigsten und gütigsten Schöpfers. Keiner der unwerthesten Sperlinge fällt auf die Erde ohne Wissen und Willen des Vaters im Himmel. Hier sind zwo der größesten Wahrheiten und die deutlichste Widerlegung der neuen Zweifler und alten Sorger. Die ersten, die Zweifler, sie nennen sich Weise, wollen es zwar nicht mehr wagen, die Sätze des Epikurs in unsern erleuchten Tagen zu wiederholen und GOtt seine Fürsehung zu rauben: doch lassen sie ihn nicht mehr für einzelne Dinge, es seyen Menschen, oder Thiere, oder Handlungen, oder leblose Gegenstände, sorgen. Nur allgemein sorgt er und einmal, nach ihrem Wahn, nicht immerfort, nicht heute noch denkt er an uns. Er zog die Uhr des Weltgebäudes auf, und nun läuft sie fort. Was heisen nun, sagt es, die Worte: noch fällt der Sperlinge keiner, kein einziger, kein einzelner, ohne den Vater? Noch mehr: die Haare auf unsern Häubtern sind alle, alle gezählet.

Und ihr Sorger und Murrer, die ihr euch und andere quälet, setzt ihr euch denn selbst unter die Sperlinge? Seyd ihr nicht beßer, denn viele derselben? Sagt es nicht selbst die ewige Wahrheit mit tröstender liebreicher Ermunterung: fürchtet euch nicht, ihr seyd beßer, denn viel Sperlinge.

Die

Die Nachtigall.

Hört, wie die Zauberkehle, die Silbertöne wälzt,
Bald schmachtend, bald in Fugen, das Herz bestürmt und
schmelzt.

LXXV.

Schon legt die Ruhe unsere matten Glieder hin, wenn sich die schönste der Sängerinnen noch im dunkeln Schatten ergötzet, und uns ein reitzendes Schlaflied singet. Dieß ihr göttliches Lied erfüllt die Lüfte; sie scherzt, sie schlägt, sie lockt, sie ruft den nahen Gatten. Man nennt sie billig der Wälder Königin, der Büsche Zierde, der Gärten Lustsirene, und man ziehet ihr scherzendes wirbelndes Gesang fast aller

 Stim-

Stimme Anmuth vor. Warum? Der Stimme Höhe und Schall, der Kehle Fertigkeit, hat ihr dieß große Lob erworben. Laßt sie nur in ihrer Freyheit leben, hier singt sie mit größrer Kunst gedoppelt schön.

Hier, wo um mich in jungen Büschen,
Die Lieder einer Nachtigall
Sich mit der Weste Säuseln mischen,
Oft nachgeahmt vom Wiederhall.
Wie preis ich euern Stand, zufriedne Philomelen?
Ihr singt; in freyer Ruh fließt eure Lebenszeit
So sanft, als euer Lied, ihr wißt kein ander Leid,
Als das die Liebe macht, der süßeste der Schmerzen,
Dem alle Freude weicht, klagt nur in eurem Herzen.
Euch mangelt die Vernunft und mit ihr unsre Pein,
Wie mancher Dichter wünscht an eurer Statt zu seyn.

Hier in der Freyheit hört ihr die ganze Gegend zu: sie vergnügt selbst die Bäume, und die Thiere, und die wandernden Menschen. Ein Raum von mehr als hundert Schritten

Läßt ihrer Töne Reitz zu frohen Ohren tragen
So weit der Wald sich streckt, so weit will sie auch schlagen.

Hier grüßt sie vom nahen Zweige die Vorbeygehenden und hält sie gebieterisch auf. Bald hupft sie auf den Baum, bald fliegt sie wieder hernieder, bald wäscht sie im kühlenden Bache die Federn, und bald fordert sie Echo auf neue Gesänge heraus. Die Wanderer sitzen und stehen und lauschen und können nicht entweichen, so bezaubert sind sie.

So groß ist die Stimme und der Geist der vortreflichen Philomele! Fleisch und Körper sind desto geringer. Wir, die wir unsere Stimme seltner und unreiner zur Ehre des Schöpfers ertönen lassen, sind zu fleischern, oder der Geist wenigstens vom Fleische untergedrückt und gedämpft.

Der

Der Pfau.

Des Vogels stolze Federpracht
Wird durch die Füße klein gemacht.

LXXVI.

Die stolze und herrschsüchtige Juno, von der einer unserer größten Dichter diese artige Beschreibung machte:

Majestätische Gebehrden,
Hoheit, die sich nie vergaß,
Ließen die zur Juno werden,
Die so großen Geist besaß:

Pro-

Krone, Zepter, Wolken, Pfauen,
Mußten ihren Muth erhöhn,
Zum Exempel aller Frauen,
Die das Regiment verstehn.

diese Königin der Götter, hat den ihr geheiligten Pfauen allezeit zur Seite, oder sie läßt sich wol auf einem von Pfauen gezogenen Wagen durch die Lüfte führen. Wenn dieser ihr Vogel sein buntes Spiegelrad in dem Schweife drehet, und die treflichsten Farben aus hundert Augen spielen, so wird auch selbst Iris, die getreue Bedientin der Juno, beschämt. Man erblickt sodann alles, was man schön au einem Vogel nennen kan, und kein Zeuxis und Angelo haben ihre Farben noch so hoch gebracht, als der Pfau. Athen hielt ihn also nicht unbillig für eines der größten Wunder, und Alexander der Große achtete ihn so sehr, daß er bey schwehrer Strafe verboth, ihn umzubringen. Die Natur setzt ihm eine Art von Kronen auf, daß ihn die andern Vögel ehren sollen. Er weiß sich auch selbst zu ehren und seiner Gestalt ein Ansehen zu geben, das von nichts, als dem ohngefähren Blick auf die garstigen Füße, erniedriget wird.

Löblich und schön wäre es, wenn der Stolz unter den Menschen, unter den Frauen, unter den Edlen, unter den Reichen, unter den Mächtigen der Welt, auch noch durch etwas, durch einen Blick auf die bey allem Pracht anklebende Häßlichkeit, auf die zur Grube eilende Füße, könnte gedämpfet werden. Ihr besonders, ihr Schönen, deren Eitelkeit sich immer im Spiegel betrachtet, und die ihr voll Zufriedenheit und Vergnügen über euch selbst pfauenartig einher trettet, besonders wenn ihr in steifen Röcken und schillernden Kleidern erscheinet, denkt an den Pfau als ein Sinnbild der Eitelkeit und eines äußerlich schönen Menschen, der wenig Verstand hat und übel spricht.

Der

Der Schwan.

Er singt sein Lied im Tode nur,
Siegt über sich und die Natur.

LXXVII.

Der Strymonische Vogel, dem Apollo geheiligt, ist auch der Venus Vogel, entweder wegen seiner weißen Federn, oder weil ihn die Alten für wohllüstig hielten. Diese Göttin der Schönheit wird auf einem von Schwanen gezogenen Wagen sitzend von den Dichtern vorgestellet. Er selbst, der Schwan, streitet mit dem Schnee um die Weiße, und prangt mit herumschweifenden Augen und empor getragenen Halse auf den Wassern. Er ist ein belebtes Schiff: der gekrümmte Schweif machet das

U Hin-

Hintertheil, und der Kopf das Vordertheil; die Füße versehen die Dienste der Ruder, und beym schnellern Lauf macht das Flügelpaar ausgespannte Seegel.

Auf Bächen, wo sich Blumen spiegeln,
Durchschifft der Schwan die glatte Flut,
Der biegsam auf den weichen Flügeln
Mit hingebognem Halse ruht.

So ergötzet der Schwan die Augen seiner Bewunderer; nur dem Ohr ist er eine stumme Maschine, und dieses wartet vergeblich auf Schall und Gesang. Doch wenn der Schwan endlich entkräftet und lebenssatt sich zum Sterben anschicket, dann singt er zum ersten und letzten Male, und sein Gesang übertrift das Lied der Philomele. Er ist voller Sanftmuth und Güte und Pracht in seinem Leben, und sein Tod ist also nicht minder prächtig. So soll der Mensch weiße Sitten und Reinigkeit des Gemüthes haben, und durch Leben und Tod mit Freudigkeit des Geistes gehen zu können.

Die Dichter sind, des Widerspruchs der Naturforscher ohngeachtet, allezeit in dem Besitze des Rechtes gewesen, daß sie den Schwan haben singen lassen; ja sie haben ihn sogar zu ihrem Sinnbilde genommen. Horatz wird so lange der Venusinische Schwan heisen, so lange er gelesen wird, das ist, so lange die Welt steht: Lopez de Vega, der Vater der Komödie bey den Spaniern, ward bey seinem Leben der Schwan des Apollo wegen der Artigkeit seiner Sitten und der Anmuth seiner Verse genennet: er wird auch daher gemeiniglich mit diesem Vogel gemalet.

Der

Der Hahn.

Des Meineids Verräther, Der Bothe des Phöbus.

LXXVIII.

Auf Gestalt und Muth trotzet der Hahn vor andern Vögeln. Auf dem Haubte trägt er statt der Krone den rothen fleischernen Busch, und am Fuß den seinem Feinde gefürchteten Sporn. Bald kräht er, bald scharrt er um sich her, bald prangt er im stolzen Gang mit dem geblähten Schweife, trotz dem, der die von ihm entlehnten Federn auf dem Hute trägt. Im Kampf und Streit ist ihm kein Vogel gleich. Zween Hähne fechten so lange mit Schnäbeln und Klauen und Spornen, bis einer von ihnen unterliegt; da dann der Sieger mit lautem stolzen Geschrey seinen Triumph hält. Drum bezeichnet auch der Hahn die Schlachten und den Sieg, weil er unter allen Thieren das hartnäckigste im Streit ist, und lieber stirbt, als nachgiebt. Die Alten hatten ihn ihrem Kriegsgotte zum Sinnbilde gegeben, und eine von den Franzosen erlittene Niederlage der Spanier ward unter dem Bilde des vor einem Hahn fliehenden Löwen vorgestellet.

Kein Mann behaubtet ein solches Ansehen gegen die einzige Frau, als der Hennenmann gegen die Menge der eygebährenden Weiber. Aber er sorgt auch für sie, bereitet emsig die Tafel und schützet sie geschickt, arglistig und mächtig wider die Feinde. Machts ihm in allen nach, ihr menschlichen Männer!

Auch ist er ein Bild der Wachsamkeit und Munterkeit, deswegen auf den alten Denkmahlen unter die Kennzeichen der Minerva und des Merkurs gesetzet und vorzüglich dem Aesculape geweyhet. Pythagoras schätzte ihn höher, als den Adler, weil er der Bothe der Sonne ist, die Menschen aus dem längern Schlafe erwecket, und die Veränderungen des Wetters untrüglich verkündet.

Nur Petro war er schrecklich, da er ihm das Gewissen erweckte und den Meineid verrieth, den der Vermeßne nicht glaubte, und der Verzagte zu wiederholten Malen an dem Meister begienge, doch in der Bekehrung ernstlich und ängstlich beweinte. O GOtt, welches Geschrey; unerträglich den Ohren der Sterblichen, würde auf Erden seyn, wenn bey allen falschen Schwüren und so oft du verläugnet wirst, der Hahn krähete!

Die

Die Fische überhaubt.

Der Fische stummes Volk, die Nachbarn der Najaden,
Trägt ihr beschwingter Leib in ungegründten Pfaden.

LXXIX.

Welch ungeheure Menge der Fische verschließen die Flüße und das Meer! Und was für einen reichen Tribut giebt die nasse Natur unserer Kehle! Zählet sie doch, die Welsen, und Aaale, und Ruppen, und Karpfen, und Persinge, und Grundeln, und die Meerfische, die Butten, die Groppen, - - - Doch wer will sie alle nennen und zählen! Sehet dem Fischfange zu: wie listig stellt man dem Schuppenheere nach; wie emsig arbeitet man, und wie freudig thut man den Zug!

Der Fischer der den Kahn schon an den Baum gebunden,
Zieht freudig den Gewinn der ersten Morgenstunden!
Das volle Netz ans Land, wo er, wie viel es trägt,
Mit großen Augen schon begierig überschlägt:
Die Fische ziehet er nun einzeln aus dem Netze,
Und faßt sie in die Hand, daß er sie wägend schätze.

Weil der Fischer sein Netz auf das ohngefähre Glück wirft, so fischt und zieht er auch oft die ganze Nacht und fängt nichts. Auch wenn er fängt, giebt es gute und schlimme Fische, Riesen und Zwerge. So blind ist das Glück überall, und es sieht im Wasser noch weniger, als auf der Erde. Drum denket dran, ihr Bösen und Guten: der Tod ist auch so blind; es gilt ihm gleich, ob er Böse oder Gute fahe, und wer auch heute seinem Zuge entgangen ist, bleibt morgen in eben der Gefahr, erhascht zu werden.

Die Fische reitzen nicht nur den Geschmack der Menschen, sie müssen auch eine heiligere und vollkommenere Speise seyn, als gehende und fliegende Thiere. Man hat sie nicht vergeblich an Fasttagen zur Speise zugelassen; sie haben Fleisch, und sind doch kein Fleisch; man ißt, und wird nicht satt, außer wenn man sie in Menge, gesotten, gebraten und gebachen ißt; man ist bey ihrem Genuß frömmer, als beym Essen des Fleisches, und außer Zweifel halten sie wegen ihrer Feuchte und Kälte die menschliche Hitze besser im Zaum.

Wie gütig hat nicht die Natur für die Fasten gesorget, daß sie einen so großen Ueberfluß der Fische gegeben, und daß man die Heeringe und Stockfische nicht zählen und erschöpfen kan! Aber Stax ist recht sehr unzufrieden, daß sie Gräte haben, erzürnet sich über der Tafel, und denkt darüber nach, sie anders zu machen.

Die

Die grossen Fische.

Nicht mit Gewalt, durch Kunst und List,
Erlegt der Mensch, was noch so schröcklich ist.

LXXX.

Für Berge und ganze Inseln sieht man die ungeheuern Fische an, die die Allmacht zum Schrecken, so wie zum Nutzen der Menschen geschaffen hat.

Der Fisch, der Ströme bläst
Und mit dem Schwanze stürmt,

der Wallfisch wirft so große Fluthen in die Höhe, daß ganze Schiffe damit erfüllet und versenket werden. Drum erschrecken die Schiffleute vor ihm,

ihm, und müssen sich mit Gewehren und Stücken wider ihn, wie wider ganze Heere, wehren. In den nördlichen Ländern kennt man den Bartwall, den Hagerwall, den Flockwall, den geharten Wall, den Nußwall, den Rhinocerwall, den Spritzwall, den Saufwall, den Otterwall, den Zipfwall, den Rußwall - - - eine ganz entsetzliche Menge von Wallfischen, die Leute verschlucken und ganze Schiffe umkehren. Aber die List fängt und würget diese ungeheuern Schuppen-Riesen; die Schmeicheley lockt sie an dem Strand, und die Kunst hat tausend Mittel erfunden, ihrer mächtig zu werden. Hat man gesiegt und überwunden, so theilt man Raub und Beute aus, und verschickt besonders ihre Beine in die ganze Welt.

Verlasse sich doch niemand auf seine Macht und Stärke. Die Mächtigsten auf dem Erdboden sind schon durch Schmeicheley und List gefangen und überwunden worden, und Simson, die Stärke selbst, unterlag der List der betrüglichen Frau. Einem Könige hilft nicht seine große Macht; ein Riese wird nicht errettet durch seine große Kraft; Rosse helfen auch nicht, und ihre Stärke errettet nicht. Der HErr, der die Wallfische im Meer gemacht hat, daß sie darinnen scherzen, zertrennet das Meer durch seine Kraft, zerbricht die Köpfe der Drachen im Wasser, zerschlägt die Köpfe der Wallfische, und gibt sie den Menschen zur Speise.

Sonst bleibt wahr, was der Weise gesagt hat: Auf dem Meere sind seltsame Wunder, mancherley Thiere und Wallfische; durch dieselben schiffet man hin. Diese Wunder sind für die Schöpfung und unser Erstaunen genug, wenn es auch gleich keine Wassermänner und Meerfräulein giebt.

Die kleinen Fische.

Der Dumme wird gar oft gefangen,
Indem er andre fangen will.

LXXXI.

Du Fischgen, du spielest, du schnalzest, du drehest dich munter im Kreise --- und glaubst du etwann, daß du in deinen Wassern sicher und die Flut deine Vestung sey? Du betrügst dich. Unter den Wassern sind schon die Reusen versteckt, die deine Gefängniß werden und deinen Tod befördern. O daß du das Sprichwort nicht verstehst: in der Reuse Speise suchen, das ist, seine Nahrung mit Gefahr des Todes erwerben. Und hast du die Angel noch nicht kennen lernen, die so oft schon

X in

in den Wassern um dich herumgespielet hat? Wahr ists, sie reichet dir Speise dar, aber betrüglich, um dich zu fahen und dich zur Speise zu machen. Du langst dem Köder nach, und siehe, er langt nach dir; du hoffest ihn zu erhaschen, und er erhascht dich; du drängst dich auf das geworfene Brod ans Ufer, und siehe, du drängst dich in die Gefahr und rennst ins Verderben. Hier hängst du gefangen, Einfältiger, und man erlöset dich wol von der eingespießten reißenden Angel, aber nicht von dem schmählichen Tod, den du zweymal erdultest.

Doch was rede ich lange mit dem stummen und dummen Fische? Es sind Menschen da, die mich hören und besser verstehen können, als die unvernünftigen Waßerbürger, und zwar sind auch die verständig seyn wollenden Erdenbewohner wenn gleich nicht stumm, doch taub genug, sich vor der Gefahr warnen zu lassen. Sie werden angeködert, wie die Fische, und man fängt sie mit lockender Speise, mit scharfem Getränke, mit blendendem Golde und mit buhlerischen Weibern. Diese sind die Sirenen, die den Menschen zum Verderben ins Wasser ziehen, wie man den Fisch zu seinem Tod heraus zieht.

Ihr schmeichelnder Gesang hält fremde Schiffer an,
Und gießt ein süßes Gift in die empörten Herzen,
Die durch den Reitz erweicht sich leicht verführen lassen.

Und das hört ihr, und seht ihr, und wißt ihr, ihr Menschen, und vermeidet die Lockung und die Lust doch nicht, in der Gift und Tod verstecket ist? Der Fischer, wenn er Sälblinge fahen will, bindet ein Weibgen von ihnen an eine lange Schnur und läßt sie ins Wasser: schnell eilen sie auf die Wasserbraut loß und werden gefangen. Und ihr Menschen nicht auch also?

Der

Der Mensch.

Der Mensch, die schönste Creatur,
Der Fürst der irdischen Natur.

LXXXII.

Hier stehet es, sehet es an, das wahre Bild des Allmächtigen, das Meisterstuck der Schöpfung!

Ein prächtig Werk von GOtt aus Ton gebildet,
Des Ewigen vollkommnestes Geschöpfe,
Der Zweck, das Ende seiner Wunderwerke.

Was sage ich, Ein Meisterstück sey der Mensch? Ein Zusammenhang ist er von eitel Meisterstücken.

In ihm vereinigt sich der Körper Kunst und Pracht,
Kein Glied ist, das ihn nicht zum Herrn der Schöpfung macht.

O welche herrliche Rede, die der Dreyeinige in seinem ewigen Rathe gehalten hat! Lasset uns Menschen machen, ein Bild, das uns gleich sey; die da herrschen über die Fische im Meere, und über die Vögel unter dem Himmel, und über das Vieh, und über die ganze Erde, und über alles Gewürme, das auf Erden kreucht.

Also muß, o Mensch, vor deinem Worte die Erde sich bücken, um deinetwillen ist alles da, und die Schöpfung macht dich zum Monarchen, ohne daß du auf Eroberungen ausgehst. Der ganze Staat ist bereitet, und ganz unzählbare Unterthanen sind da: in jenen wirst du eingeführet, und diesen wirst du als Herr und Gebieter über ihr Leben und Tod vorgestellet.

Was ist der Mensch, daß du HErr unser Herrscher sein gedenkest, und des Menschen Kind, daß du dich seiner so annimmst?

Es war nicht genug, daß uns der feinste, künstlichste und prächtigste Körper bereitet wurde: die Gottheit haucht ihm auch die verständige unsterbliche Seele ein. Sie fällt nicht ins Auge, wie die schöne Thonsäule, mein Körper: aber sie denkt, und darum ist sie; und wie viel, wie schnell, wie wunderbar denkt sie? Und warum sollte sie nicht also denken, da sie vom Himmel kam und aus dem unergründlichen Meer der Gedanken, aus der unerschöpflichen Quelle heraus floß? Dank, Dank, sey dem Schöpfer, daß ich denke! Und du, mein Geist, denke ihn, denke göttlich, und allezeit denke!

Auf Münzen ist das Bild der Monarchen. Gebet dem Kaiser, sagt der Heiland deswegen, was des Kaisers ist. Ihr, ihr Menschen, gebet GOtt, was GOttes ist, sein Bildniß, eure unsterbliche Seele. Auch den Leib? Ja: gebet ihn hin und heiliget ihn zum Tempel der Gottheit; denn sie will nicht wohnen in Tempeln und Häusern, die von euren Händen gemacht sind.

Der

Der Jüngling.

Der stolz, verwegen, hin nach wilden Lüsten rennt,
Und in der Eltern Huld sein eignes Nichts verkennt.

LXXXIII.

Voller Blumen und Flor ist die Zeit der immer frohen Jugend.
Wenn noch der muntern Jahre Saft
In den gespannten Adern wallet,
Und über die verlohrne Kraft
Kein Klagelied noch nicht erschallet:
Wie weis uns da die Hoffnung nicht
Das Alter ruhig abzumalen,
Als würd uns lauter Glück umstrahlen,
Dieß glaubt man voller Zuversicht.

Mit den Jahren findet man sich betrogen und schilt und flucht auf die Tage der Jugend. Wer ist schuld daran? Nicht der Schöpfer, der diese Freudentage machet, sondern der unbändige Mensch, der keiner Zucht und Warnung Gehör giebt, und sich von allem, was in die Sinnen fällt, blenden läßt. Wagen, und Pferde, und Hunde, und Kleider, und Spiele, und Tänze, und alle Mädgen ziehen ihn an. Er lebt, als leb er nur heute; nie sorgt er und spart er; einfältig, ohne Kenntniß der Welt, heftet er das Herz an die Stirne, prahlet mit denen ihn drückenden Geldern, sucht Kammeraden zum Verschwenden, vertraut sich Betrügern und Spielern, nicht den Eltern und Freunden, verzehrt die Kräfte der Jugend, wird schwach und alt, ehe er alt wird, stirbt oft, ehe er gelebt hat.

Glückselig ist der, dessen Herz schon in der Kindheit und Jugend die Weisheit gelernet, ihr Reitze gefühlet und die Tugend gewohnt hat! Glückseelig ist er,

Der Jüngling, der durch frühe Tugend,
Ein Beyspiel wohl gezogner Jugend,
Des alten Vaters Trost und Stab,
Zur größten Hoffnung Anlaß gab.

Dieser ist auch in seiner Jugend alt, aber mit Ehren, ohne Entkräftung, und bleibt jung, wenn er dereinst alt wird. Nur er genießet den Frühling der Tage; nur er freuet sich seiner Jugend; nur er ist wahrhaftig frölich. Denn auch bey der Tugend ist Muth und Geist, muntere heitere Tage, ein aufgeräumtes Gemüthe, und eine freudige Aussicht in die Zukunft, in der uns keine Reue plagt und das Gewissen die Sünden der Jugend nicht vorwirft.

Drum, ihr Jünglinge, leget die Vorurtheile ab, die eure Jugend verderben, und denket doch dran, daß der Frühling nicht ewig währe, daß ein heißer verdrocknender Sommer, ein kalter Herbst und ein rauher Winter komme.

Seyd früh verständig, werdet älter,
Am Leibe stark, an Lüsten kälter,
So folgt ein frohes Alterthum!

Die

Die Alten.

Dort schleppt ein abgedorrter Alter
Die Last des Leibes mühsam fort,
Ein knotigt Holz wird ihm zum Halter - -

LXXXIV.

Sehet hier den wahren Senat der Greisen! Was thun sie? Sie klagen mit runzlichten Stirnen und Minen über die Jahre, die ihnen nicht gefallen, über die bösen Zeiten, über die Eitelkeit der Jugend, über die Verschwendung, über die Treulosigkeit der jetzigen Welt. Zu meiner Zeit spricht einer - - ja, da ich noch jung war, sagt der andere - - aber ehehin war es doch ganz anders, versetzet der dritte, - -

Den

Den Alter, Noth und Schmerz mit schweren Armen fäßet,
Deß Rücken vor sich fällt, sein flüchtig Haar erblaßet;
Sein Herz pocht schon verwirrt, sein trübes Auge bricht,
Des Lebens Purpur steht, und jeder Saft wird dicht.

Und eben darum sind die sich unter einander verklagenden und selten entschuldigenden Gedanken finster und melancholisch, mit GOtt und der Welt unzufrieden, murrisch und der Gesellschaft der Menschen beschwerlich.

Bald aber spricht ein Greiß, von dessen grauen Haaren
Sein angenehm Gespräch ein neu Gewichte nimmt:
Die Vorwelt sah ich schon; die Last von neunzig Jahren
Hat meinen Geist gestärkt und nur den Leib gekrümmt.

Ihm hört auch der muntere Jüngling mit Lust und brennender Begierde zu, wenn er zum Preis des Schöpfers sein Leben erzählet, sich der frohen Stunden und Tage erinnert, in denen er scherzte, die Kaiser und Könige schildert, die er erlebt hat, die Kriege und Thaten beschreibet, denen er beygewohnt, sie dem wißbegierigen Jüngling treuer beschreibt, als die Geschichte, und ihm faßliche weisere Lehren giebt, als finstere Schullehrer und schwülstige Bücher. Der Jüngling, entzückt über die Reden des Weisen, nähert sich ihm mit ehrerbietigem Dank, wird von dem Alten geküßt und erinnert, sich seiner Jugend zu freuen, und kommt bald wieder, um ein mehrers zu lernen. Er selbst, der Greis, trägt inzwischen gedultig die Bürde des Alters, und legt sich, vom Leben gesättiget, froh in die Arme des Todes, den er niemals verabscheut, niemals thöricht gewunschen.*

Die ersten verdrüßlichen Alten sterben wol noch lieber und ruffen den Tod? Man sollte es glauben, weil sie die Welt und die Freude anfeinden, weil sie, verlassen von der Sünde und Wohllust, fromm und zum sterben bereit zu seyn scheinen. Aber nein, sie wehren sich mit dem knotigten Stock, der sie stützet, wider den Tod, steigen mit dreyen Füßen über die Grube hin, und wollen bey der bösen Welt unsterblich seyn.

Der

Der Gesunde.

- - - - - - Laßt uns den Himmel bitten,
Daß ein gesunder Geist in solchem Leibe sey.

LXXXV.

Warum trinken wir einander Gesundheit zu? Warum folgen wir nicht den Rath der galanten Welt, die diese altväterische unnöthige Sitte, bey der man nichts denkt, abgeschaffet wissen will? Man schaft ja in diesen Tagen alles ab, Religion, Gerechtigkeit, Treue und Ehrlichkeit, warum nicht auch das Gesundheittrinken? Doch nein, ihr Brüder, behaltet ihn bey, den löblichen Gebrauch eurer Vorfahren, trinket auf Gesundheit, aber denket dabey. Denket, daß die Gesundheit das höchste Gut auf Erden sey; daß man dem Freunde nichts bessers wünschen könne, als Gesundheit; daß man sie nicht leichter verliehren könne, als beym Trunk und Schmauß, und daß dieß Wort, **Gesundheit auf Gesundheit**, uns eine Erinnerung seyn soll, der eignen wahrzunehmen, wenn wir die fremde wünschen.

Ja, ja, wir schätzen sie nicht eher, bis wir sie verlohren haben. Gemeine Wahrheit! Doch wird sie von den wenigsten lebendig und thätig erkannt, und nichts wird so schlecht und seicht studirt, als die Kunst und die Regeln, die Gesundheit zu erhalten. Dem wünsche ich Glück, der sie versteht, nicht dem, dem die verlohrne und muthwillig verscherzte Gesundheit wieder hergestellet wurde. Doch ich will auch ihm Glück wünschen, wenn er nun weiser geworden ist.

Was ist sie denn, die Gesundheit? Wenn in den starken Adern das Blut gemäßigt wallet, und weder brennende Hitze noch fiberische Kälte verursachet; wenn unser Magen wohl kochet und verdauet; wenn unsere Nerven nicht schlapp und nicht heftig gereitzt sind; wenn unser Mund voll Purpur lacht, die Stirne sich nicht faltet, und Kopf und Geist ruhig und munter sind; wenn alle Glieder ihre Dienste willig und fertig thun; wenn unser Leib ganz und unzerbrochen ist. Dann sind wir gesund. Dann aber lacht auch Freude aus den Augen des Menschen, dann ist er geschäftig und zu allem fertig. Der Fürst jagt, der Gelehrte denkt und schreibt, der Kaufmann wechselt, der Bürger arbeitet, der Bauer geht hinter dem Pflug, der Soldat kämpfet, und ein jeder ist ruhig und zufrieden.

Es zeigt sich holde Lust, und ein vergnügtes Thun,
Die Sorgen schlafen ein, die schlimmen Wünsche ruhn.

Wollt ihr die Gesundheit nicht erhalten, ihr, die ihr im Bunde mit Venus und Lyäen steht, und wollt ihr nicht glauben, daß euer starker Körper geschwächt werden könne: wohl, so erwartet die Zeit, die alle Thoren klug machet.

Der

Der Kranke.

Der Kranken und der Erben Wünsche
Sind nicht aus Herzensgrund gemeynt.

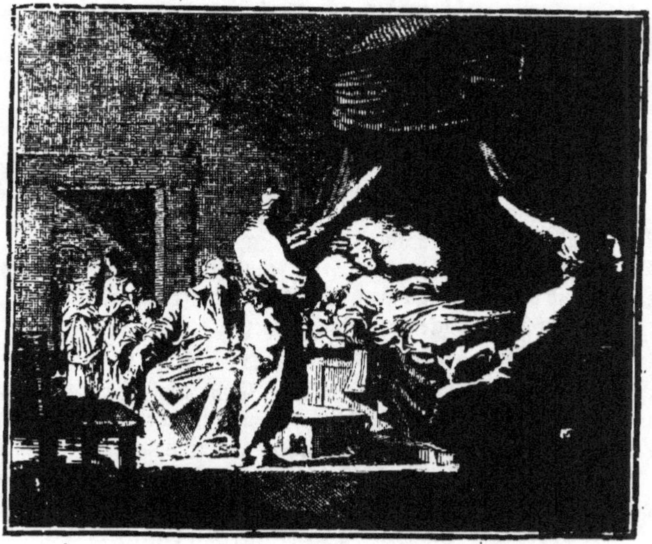

LXXXVI.

Er ruht im sanften Pflaumenbette, und doch liegt er seiner Meinung nach auf Holz und Stein. Er ächzet, er klaget, er schreyt: ihm thut der Rücken wehe, und Haubt, und Herz, und Brust, und Magen, und Lenden, und Milz, und Leber, und alles schmerzt ihn. Voll Ungedult verfällt er auf mancherley Kost, die ihm mitten im Genuß der Eckel vergällt. Mit sauerm Gesichte, und doch begierigem Munde langt er nach dem Mittel des Arztes, und die schwache zitternde Faust hält den leichtern Löffel nicht mehr. Der Arzt wird angeklagt, wenn die Arzneyen nicht schleunig helfen. Bald wünscht man die Nacht und hoffet Schlaf und Ruhe von ihr; kaum ist sie da und die Hoffnung verschwunden, so wird schon wieder nach dem Tage geseufzet.

Wie nach durchwachter langer Nacht
Der Kranke nach dem Himmel blicket,
Und nach der Sonnen frühen Pracht
Ein ungedultig Auge schicket,
Und, wenn ihr Glanz die Strahlen streut,
Den Tag begrüßt und sich erfreut,
Daß sich die Einsamkeit verlohren - - -

Dann vertreibt ihm der Zuspruch der Freunde noch manchmal eine böse Stunde, und die Sehnsucht nach der Wiederkunft des Arztes läßt ihn wenigstens auf Augenblicke die Noth vergessen.

Es kommt der erwartete Helfer, fragt nach der Ruhe, fühlet den pochenden Puls und beschauet das Glas. Den Kopf schüttelnd schleicht er zum Tische, denkt neue Mitteln und schreibt sie nieder. Noch ehe sie verfertiget werden, mehren sich Krankheit und Schmerzen. Man ruffet den Priester. Diesem verspricht der Kranke Tugend und Beßerung, wenn er genesen wird. Bald werden die Schmerzen und Aengsten so groß, daß er den Tod wünschet. **O komm, o komm, erwünschter Tod, mach Ende meiner Pein!** So ruft er: aber der verschmitzte Erbe tröstet ihn, wünscht ihm Genesung und langes Leben, schilt den Tod und will ihn abhalten von dem Bette des Kranken. Er steht vor der Thür, der blasse Lebensfeind, und entweder der Kranke ist betrogen, der ihn gerufen hat, oder der Priester und der Tod und der Erbe sind betrogen, wenn der Kranke durch die letzte Kunst des Arztes geneset, aber noch schlimmer wird, als er vorher war.

Die Krankheit ist eine wundernswürdige Erfindung des Schöpfers, sagt der Dichter. Glücklich ist, wer durch sie zur Erkenntniß und Tugend kommt; noch glücklicher, wer, ohne sie zu verschulden und zu erfahren, seine Tage durchlebt und einstens lebenssatt einschläft!

Der

Der Reiche.

Der Reichthum ist für Midas-Ohren
Mehr, als für Tugend auserkohren.

LXXXVII.

Am Tische sitzt der reiche Praßer; die Hände wühlen im zählbaren Golde, und noch mehr liegt in der Kiste schichtenweise und in untragbare Säcke eingepreßt. Was macht er mit dem Gelde? Andere glücklich? Sich vergnügt? Letzteres scheint zu geschehen, und er selbst glaubt es, weil er alle Tage herrlich und in Freuden lebt, sich kostbarer kleidet, als Fürsten thun, und schon die schnaubenden Rosse mit dem goldenen rollenden Wagen vor der Thüre wartend hat, wenn es ihm kaum

Wanst fiel, sich, und die Kleider, und den Wagen zur Schau herum fahren zu lassen. Aber, ob er andere glücklich mache, fragst du noch? Ja freylich: die Wohldiener, und die Schmeichler, und die Schmarotzer, und die mit ihm zechen, oder auf den Wanst und die Kleider dichten können. Gegen diese ist er mehr, als Mäcen, selbst August. Noch mehr: auch seine Hunde macht er glücklich. Denn kein Bürger in der Stadt genießt die Speisen, die man seinen Docken vorträgt, und keine Bürgerin hat den Schmuck, der so viel werth ist, als das Halsband des Leibhundes. Und die Kammerjungfern, die Mägde, die Laquaien und Kutscher, wie glücklich macht er diese nicht? Letztere haben Erlaubniß zu stehlen, und erstere bedürfen dieses Kunstgriffes nicht, weil sie alle nach kurzer Zeit reichlich ausgestattet, und an rechtschaffene Männer, Clienten vom Hause, mit denen sie den Zutritt behalten, verheirathet werden. Aber die Lazari, die Armen, die Waisen, die Wittwen, diese macht er doch auch glücklich? Nein, Freund, dieß ist Canaille, niederträchtiger Pöbel, der kommt nie über die Schwellen des Reichen, und ist nicht würdig, mit den Hunden zu essen. Manchmal darf sich die Wittwe hin ins Zimmer wagen, wenn sie Zinnsen und Pfand bringt: auch werden ihr diese oft von den Bedienten vor der Thüre abgenommen, damit der Herr nicht ihr unverschämtes Winseln und Klagen hören dürfe. Die rechtschaffenere Wittwe, die Zeitungen trägt, und eine neue Köchin empfiehlt, geht unangemeldet ins Zimmer.

Im ernstlichern Tone: du ärgerst dich über den Reichthum des Midas. Wisse, daß er dennoch vom HErrn kommt damit der Reiche gestraft werde, oder seinen Lohn dahin und nichts mehr zu fordern habe. Für die Tugend ist der Reichthum zu schlecht, oder zu gefährlich. Noch habe ich nur einen einzigen Reichen kennen lernen, von dem ich gewiß weis, daß er ein Menschenfreund, tugendhaft und zufrieden sey. O dürfte ich ihn nennen, den glücklichen - - - Lese ich die Offenbahrung, so erschrecke ich, was sie von dem Reichen sagt.

Der

Der Arme.

Ein längst verschlissen Tuch umhüllt die rauhen Lenden,
Ein Stück gebettelt Brod, und Wasser aus den Händen,
Ist alles, was er hat.

LXXXVIII.

Nur einen Pfenning, auch nur einen Heller, bittet er mit wehmüthiger Stimme und mit tiefster Erniedrigung von dir, er, der vielleicht würdiger ist, Reichthum and Ansehen zu haben, als du, und der so wenig an seinem Mangel schuld ist, als du an deinem Ueberfluße. Sein Rock ist zerrissen, seine Füße bloß, sein Magen hungrig, seine Lippen blaß, seine Wangen verzehrt, seine Glieder starr von Kälte.

Scham

Schande für dich und die Menschheit, daß du ihn noch nicht gekleidet, noch nicht gespeiset, noch nicht erquicket, noch nicht erwärmet hast. Thue es alsbald, oder gieb ihm wenigstens mehr, als einen kahlen Pfenning: denn wenn du an seiner Stelle wärest, wünschtest du, daß es dir auch geschehe. Und wie bald ist nicht ein Crösus Jrus worden?

Auch ein Bettler hat seine Würde und Ansehen, die man nicht beleidigen soll.

Ein stark bejahrter Greiß, der an dem Wege saß,
Und voller Majestät von Bettelbrocken aß;

singt der Dichter; und er hat recht: denn das Alter des ehrlichen Bettlers ist oft ehrwürdiger und majestätischer, als das Ansehen vermeinter Großen und Hohen der Welt, die ihn Noth leiden lassen und unmenschlich über ihn hin schauen.

Es ist eine ehrbare Sache um die fröhliche Armut, spricht Epikur. Und eben, wenn wir fröhlich und froh sind, sind wir nicht arm! denn der ist nicht arm, der wenig hat, sondern der mehr begehrt, als er hat. Noch weniger ist die Armut ein Uebel, als nur für den, der sich nicht in sie schicken kan und sich wider sie setzen will. Am allerwenigsten ist die Armut Schande. Dem Staat, der wohl eingerichtet seyn will und reiche Bürger hat, ist es Schande, daß er die Nothleidenden auf der Strasse liegen läßt, und daß er den starken Bettlern nicht Arbeit giebt.

Wie der sicherer lebt, der gar keine Reichthümer hat, so ist der groß, der beym Reichthum arm ist. Ursprünglich hatte der Mensch nichts, und doch alles; so bald er sündigte, dünkte er sich bloß und arm. Dann war er es auch. Er fieng an, nach Eigenthum und Reichthum zu streben: alsobald kam Stolz und Tyranney und Unmenschlichkeit, welche den wenigen Rest des Glücks und der Tugend gänzlich verbannte.

Lehret die Armut viel Böses, so lehret sie es niederträchtigen Seelen, die beym Reichthum noch zehnmal schlimmer seyn würden. Stiehlt auch der Arme, so ist er doch weit der Dieb nicht, als der reiche Wucherer, der ungestraft bleibt.

Der

Der Lahme.

. . . . . So schlecht
Lohnt Mavors manchen treuen Knecht.

LXXXIX.

Vorhin wanderte er mit geraden Füßen stolz durch die Welt. Nichts hielt seinen Lauf und seinen Muth auf, als eine feindselige Kugel, unvermeidlich dem herzhaftesten und besten Krieger; und diese zerschmetterte ihm den Fuß, zernichtete die Hofnung, und warf ihn hin aufs Wahlfeld, das mit seinen gefallenen Brüdern bereits besäet war. Nun verwünscht er den Krieg, und will vor Durst und Schmerzen verzweifeln, liegt Stunden, die so lang sind, wie die längsten heißesten Tage, auf der mit Blut befeuchteten Erde, wälzt sich hin auf die noch wärmern Leichname der erschlagenen Kämpfer, das Bett der Ehren, und fällt in die tödliche Ohnmacht. Endlich kommen die grausamen Retter, schleppen ihn in das Lazareth, (wiewohl benannt ist es!) und sägen ihm, ohne Versuche der Heilung, um die Kunst zu probiren, den zerschmetterten Fuß ab. Der Arme eilt, um dem Ort zu entkommen, der dem Krieger fürchterlicher ist, als Schlacht und Tod, und schleppt sich, zur Schande dessen, der ihn dingte und als einen Krüppel entlies, auf den Krücken zum Bettelbrod fort. Noch schnitzt er sich den falschen Fuß, den er mit hänfenen Bändern unter das Knie bindet, und zieht sein Unglück hinter sich her, das er bey jedem Stampf fühlt und erneuert.

Spiegelt euch, die ihr muthwillig in den Krieg rennt, und, indem ihr Eltern und Freunde, trotzen wollet, nichts, als euer Elend erbeutet. Und verachtet ihr ja das Leben; so wisset, daß mehrere verwundet und lahm und Krüppel und abgedankt werden, als dem gesuchten Tode in die Hände kommen, und noch mehrere getödet und verwundet werden, als Mars zu Ehren und Reichthümern bringt.

Er, der Lahme, ist bey allem Unglücke noch in Gefahr, ein Spott der Jungen zu werden, und kaum weiß er sich allezeit mit seinen hölzernen Waffen vor den anfallenden Hunden zu retten. Nur dieß ist noch sein Trost, daß er Erbarmer findet, die sein Unglück mildthätig erkennen, und daß er auf dem Pfade des Kreutzes Gedult lernet, mit der er im Laufe zum ewigen Glücke, so lahm, als er ist, doch manchem vorrennt, der im Pompe des Siegers durch Städte und Straßen und Felder gefahren ist.

Das

Das Schloß.

Ein güldner Schlüßel sperrt die Thore,
Die sonst unüberwindlich sind.

LXXXX.

Mit Sorgen und Pracht hat das Alterthum die Schlößer aufgeführet, mit Thürnen, Mauern, Gräben und Wällen umgeben, mit starken eisernen Thoren verwahret und zum Schrecken der Feinde auf den unbewegten und unbesteiglichen Felsen gegründet. Hier verwahrte sich der rechtschaffene Vornehme sowol, als in den mittlern Zeiten der adeliche Räuber. Ein jeder schloß sich und seine Schätze darinnen ein; diese waren sicher, und jene schliefen ruhig. Mars bestimmte das Schloß zum Schutze des Landes, und der niedrige Landmann, der oft mit Verwunderung hinauf schaut, glaubt, es stehe im Himmel, weil es die Wolken zu Nachbarn hat.

Nun sind die Schlößer nur Prachtgebäude und nichts weniger, als veste Orte. Ihre Ruinen beweisen, daß es eine Macht gebe, die über die ihrige ist. Und welche Macht ist denn so groß? Die Macht der Hölle, oder des Pulvers, wie du sie nennen willst. Denn

Dieß hat der Teufel aus der Hölle
Durch einen schwarzen Mönch gebracht,
Dagegen schützen keine Wälle,
Dafür ist nichts zu vest gemacht;
Vor diesen irdschen Donnerschlägen
Muß alles sich darnieder legen,
Was sonst unüberwindlich hies,
Eh man das Pulver donnern lies.

Noch mehr überwindet die vestesten Schlößer die Macht des gelben Goldes. Wenn nur mit demselben ein Maulthier den Eingang finden kan, so ist die Uebergabe und die Eroberung richtig. So hat manches Schloß seine Keuschheit verlohren, als wie die vom Golde des Stutzers geblendete Schöne. Es giebt auch einen Goldregen, der in die höchsten Thürne des noch sowohl verwahrten Schloßes eindringt. Selbst der Höllenschloß bezwinget das Gold, und Aeneas bahnt sich mit dem güldenen Zweige, den ihm die cumäische Sibylle giebt, den Eingang dahin.

Laßt uns also nicht mehr mit den Schlößern prahlen, oder stolz auf sie seyn. Sie weichen der Macht, und der List, und dem Betruge, eher, als die niedrige Hütte, über die die Winde, ihr unschädlich, stolz hinblasen, und in der die Eroberer keine Schätze suchen.

Aber der Name des HErrn ist ein vestes Schloß; der Gerechte läuft dahin und wird beschirmet.

Die

Die Stadt.

- - - - Der Städte Sicherheit
Ist nicht so groß, als ihre Herrlichkeit.

LXXXXI.

Wie wenig Ehre hat die Stadt in ihrem Ursprunge! Der erste Mörder, der erste Stadterbauer! Schier ist es mit all unserer Herrlichkeit so: sie kommt von der Sünde und Unthat, und beschämt uns so sehr, als wir darinnen zu prangen vermeynen. Selbst unsere Gelehrsamkeit ist eine Tochter der Sünde, die Astronomie der Faulheit, die Geometrie des Eigennutzes, die Arzneykunst der Unmäßigkeit.

In Städte gehet man, um ruhig und sicher zu seyn. Ich weis aber nicht, ob

Die unschuldsvolle Lust, die auf dem sichern Land,
Ein Cyr, ein Xenophon, ein weiser Cato fand.

ob diese Lust und Sicherheit, sage ich, auch wirklich in den Städten wohne. Welch ein Geräusch betäubet hier unsere Ohren? Welch Lärmen und Unruhe wecket uns aus dem Schlafe, und welche Ueppigkeit, welcher Pracht, welche Hoffart wird hier ausgeübt!

Ich seh den unzufriednen Haufen,
Nach Höfen und Palästen laufen,
Wo Schmelz und Gold und helle Pracht
Gefahr und Knechtschaft schimmernd macht.

Was nützen sie denn, die Palläste, die der Ueberfluß der Reichen aufgeführt, und an denen der Schweiß und das Blut der Armen noch klebet? Ersterer verfliegt und wird oft, ehe zwey Geschlechter vergehen, ein Nichts, da letztere nach Sekeln noch gen Himmel schreyen.

Und besonders vor den wilden Thieren und dem räuberischen kriegerischen Gesindel sicher zu seyn, bewohnen wir die Stadt, umziehen sie mit tief gesenkten Gräben und hohen Bollwerken, schließen alle Nacht fleißig die Thore, und können doch die Wölfe und Feinde und Diebe nicht aus ihr vertreiben.

Die Bequemlichkeit des Stadtlebens wird für sehr groß gehalten. Sehet die Zufuhr an, sagt man, und den Ueberfluß, und die Menge der Leute, die alle einander dienen und in die Hand arbeiten. Wie blühet Gewerbe und Handel, Künste und Wissen? Welche Vorrathskammern, wie viel Provianthäuser, was für Büchersäle und Kunstkabinete? Und wie herrlich liegt die Stadt da im anmuthigen Grunde? Ja, ja, es ist alles bequem; auch die Sünde und allerhand Häuser dazu sind recht bequem eingerichtet, trotz den Anstalten in Sodoma: und die Stadt liegt so lustig da, als ehehin Gomorra. Wo sind sie jetzt, wo ist Babel, wo ist das grosse Ninive? Sie sind dahin, wir werden ihnen bald nachfolgen, und nur eine Stadt wird bleiben.

Der

Der Komete.

Er scheinet an dem Sternenhimmel,
Wie andere Planeten auch.

LXXXXII.

Alles, was selten ist, hat der Pöbel zum Wunder, und der Aberglaube zum Schrecken der Welt gemacht. Wer wird vor dem Kometen nicht erschrecken, ruft die Matrone? Man sieht ja die Gestalt der züchtigenden Ruthe, und das feurige Schwerdt, welches eine höhere Hand in der schwarzen Nacht über uns schwinget. Ja, wer nur gute Augen hat, sieht noch mehr Zeichen und Wunder in dem verbreiteten Schweif. Ach welchen Potentaten wird es treffen? Welches Lan-

des

des Untergang wird kommen? Wo wird der Krieg wüten? Und die Theurung, die Hungersnoth, die Pest, ach - - - sie werden gewiß gewiß nicht außen bleiben. Die böse Welt! GOtt muß strafen.

So ängstlich klaget man über den Kometen, da,

Wo eitler Tand und Aberglaube,
Den tollen Sinn der Völker führt,
Wenn auf dem Throne und im Staube,
Des Irrthums trübe Nacht regiert.

Der Gelehrte hingegen und der Sternseher blicken mit tausend Freuden nach seiner Erscheinung. Sie gehen ihm vor, sie wandern mit ihm, sie eilen ihm nach, sie messen, sie rechnen, und sie finden endlich seinen Weg im Himmel, so wie das Gesetze, wornach er sich in demselben beweget. Glüliches Hevrika, zur Ehre des menschlichen Wissens gemacht! So angenehm leuchtet der Komete!

Ja, es vergeht die blinde Finsterniß,
Indem durch ihn die Fackel angeglommen;
Mich dünkt, ich seh die Völker noch gewiß
Aus der Gewalt des Aberglaubens kommen.

Freylich muß sich, ehe dieses geschieht, die Weisheit richten und verdammen lassen. Wir sind Unglaubige, wir sind Ketzer, wir sind Freygeister und Atheisten, wenn wir nicht mehr vor dem Kometen erschrecken, und uns vor der verfinsterten Sonne nicht furchtsam schmiegen. Gedult! Wir glauben, daß die Kometen Zeichen seyn, Zeichen der Allmacht, Zeichen der Weisheit, Zeichen der herlichsten Ordnung, und daß sie nicht aufhören werden, Zeichen zu seyn, so lang Zeiten und Tage und Jahre sind. Auch glauben wir Strafgerichte des Höchsten, und daß er sein Schwerd gewetzet, und seinen Bogen gespannet, und daß er zielet, und daß er darauf geleget tödliche Geschoße, und daß er seine Pfeile zugerichtet habe zum Verderben.

Der

Der Krieg.

- - - - Die Thäler füllen sich
Mit Leichen und mit Waffen.

LXXXIII.

Es ist einmal kein Heil im Krieg, und er ist und bleibt das Unglück der Welt. GOtt, und Gerechtigkeit, und die Musen, und die Mütter und die Bräute verabscheuen ihn. Sein Ursprung ist in der Hölle zu suchen, und durch die Tücke der Zwietracht, die mit ihrer wilden Hand die Fackeln schwingt, empört sich die Welt, kriegt Eckel vor dem sichern Frieden, und man hört bey Mörsern, Rohr und Stücken das Schreyen zerfleischter Menschen. GOtt, wie mishandelt sich der Mensch, und wie mishandelt er dein Geschöpfe! O laß uns nicht in die Mordhände der Menschen fallen! Töde du uns selbst, wenn du uns strafen willst!

Lernet Abscheu vor dem Krieg, ihr Sterblichen, durch die Schilderung des Dichters:

Wie wenn der Sturm aus Aeols Höhle fährt,
Und Wolken, Staub, in Wirbel heulend drehet,
Dem Sonnenstrahl den freyen Durchgang wehrt,
Das grüne Feld mit Stein und Kies besäet.
So tobt der Feind, so wütend füllet er
Die Luft mit Dampf, die Auen mit Gewehr.
Der Fruchtbaum traurt; die Halmen bücken sich,
Der Weinstock stirbt von räuberischen Streichen.
Die schöne Braut sieht hier ihr ander Ich,
Den Blumen gleich, durch kalten Stahl erbleichen.
Ein Thränenbach, in dem sie es umschließt,
Netzt ihr Gesicht, wie Thau von Rosen fließt.
Dort flieht ein Kind. Sein Vater, der es führt,
Fällt schnell dahin, durchlöchert vom Geschütze;
Er nennt es noch, eh er den Geist verliert;
Der Knabe wankt und stürzet ohne Stütze.
Wie Boreas, wenn er die Schwingen regt,
Gepfropftes Reiß, das stabloß, niederschlägt.
Es zieht die Last der Bomben durch die Luft
Mit Feur beschweift. Vom reißenden Gewühle
Fließt hier Gehirn, liegt dort ein Rumpf gestreckt,
Hier raucht Gedärm, so ist der Grund bedeckt.
Der Erden Bauch wirft oft, vom Pulver wild,
Nebst Maur und Heer sein felsigt Eingeweide
Den Wolken zu. Die ferne Klippe brüllt,
Des Himmels Raum erbebt und schallt vor Leide;
Er wird mit Schutt und Leichen überschneyt,
Als wenn Vesuv und Hekla Flammen speyt.

Wenn werden die Menschen aufhören, zu streiten, also zu kriegen! Nicht eher, als bis sie sich aufgerieben haben. Kein Unglück erweicht sie, keine Streiche bessern sie, und keine Strafe beugt sie.

Die

Die Hungersnoth.

Des Krieges grausamer Gefährde,
Der Hunger, frist die faulen Pferde.

LXXXXIV.

Entweder der Krieg bringt den Hunger ins Land, oder der HErr schickt ihn durch Miswachs zur Strafe der Völker. Theurung und Noth gehen vor ihm her, dann folgt er in der scheußlichsten Gestalt hinten nach. Ein blasses hageres Gesicht, versteckte, tief in dem Kopf liegende Augen, die nur die Verzweiflung noch sichtbar macht, und ein nachgeschleppter elender und ausgezehrter Körper, dieß ist das gräsliche Bild des Hungers in Menschengestalt. **Virgil** räumt dem Hunger seinen Ort an der Thür

der

der Hölle ein, und stellet ihn neben die Krankheiten, dem Verdruß und die Armuth. Er ist der Rathgeber beym Verbrechen, das Kind der Uneinigkeit und der Vater des Todes. Nichts ist erschröcklicher, als die Züge, die **Ovid** gesammlet hat, um ihn zu beschreiben. So heist es:

„ Die Nymphe fand den Hunger, welcher mit den Nägeln und Zäh-
„ nen einige Kräuter aus der Erden riß, in einem mit Steinen bedeckten
„ Felde. Seine Haare stunden zu Berge und waren unter einander ver-
„ wirrt. Die Augen lagen tief im Kopfe und trieften, das Gesicht war
„ blaß, die Lippen schwarz, der Mund erschröcklich, die Zähne voll Schar-
„ bock. Seine harte und runzelichte Haut lies die Knochen von allen Sei-
„ ten sehen; man hätte bis in das Eingeweide hinein schauen können.
„ Seine hervorragende Brust schien nur an dem Rückgrade zu hängen,
„ und anstatt des Unterleibes sahe man nur den Ort, wo er hätte seyn
„ sollen. Bey dem äußersten Mangel des Fleisches lagen alle Muskeln
„ und Nerven bloß, und seine dicken Knie und die hervorstehenden Knö-
„ chel stellten ein abscheuliches Bild dar. „

So sah ihn die Nymphe. O daß wir ihn nie sehen, und den blutigen Streit der Eltern und Kinder, den sie voller Verzweiflung über das erstere Anbeißen des Aases führen, nie erblicken dürften! Welch ein Anblick, wenn man die stinkenden Körper der unlängst Verstorbenen aus dem Grabe herausscharrt, um an ihnen den Hunger zu stillen! Wenn man sieht, wie die Mutter zu erst Katzen und Hunde, dann ihre eigene Kinder würget, um der Gefahr des Todes zu entgehen!

Laßt uns nicht fortfahren in dieser traurigen Schilderung, wider die sich die Menschheit empört. Nur laßt uns beym Ueberfluß, den wir oft so sorgloß verschwenden, an den Mangel und Hunger denken, der uns treffen kan, und an die Nothleidenden laßt uns denken, die ohne ihre Schuld am Hungertuche nagen.

Die

Die Pest.

Flieht, eilet, Menschen, vor den Seuchen,
Die durch verderbte Lüfte streichen,
Doch fliehet mehr der Seelen Pest.

LXXXXV.

Wenn Bellona lange genug die Menschen gemartert, ihr freßendes Schwerd ganze Länder mit Leichen gedecket und sie endlich die Welt mit ihrem Gefährten, dem Hunger, verlassen hat, dann folgen Pest und Seuchen hinter ihr drein. Schneller, als Pfeile, fliegen sie daher, und reiben die Menschen im Huy auf.

Kein Witz erkläret uns
Der Seuchen eilend Wandern,

Ein heut gesundes Volk
Erbt von entfernten andern
Ein Gift, das still die Luft durchstreicht.

O Jammer, wo diese Ruthe hintrift! Wenn der Freund vor dem Freund, der Vater vor dem einzigen Sohn, die Mutter vor dem liebsten Kinde flieht! Wenn alles uns verläßt, und die Fliehenden doch keine Freystadt finden! Wenn man uns die letzte Labsal, den Tropfen Wassers, versaget, um sich unserm Gifte nicht zu nähern! Wenn die Toden schichtenweise auf der Straße liegen, wenn der traurige Pestkarn rollt, wenn die Häuser von Menschen leer und die entvölkerte Stadt versperrt ist!

So fällen mörderische Lüfte,
Wenn sie mit ihrem heißen Gifte
Der Völker Tod, die Pest, entbrannt.
Sie dringen plötzlich durch die Glieder,
Und werfen den schon leblos nieder,
Der seine Krankheit kaum empfand:
So wachsen unumdämmte Seuchen,
So bald sie einen nur erschleichen,
So überschwemmt der Tod zugleich
In ihrem Strom ein ganzes Reich.

Wer schützet uns vor diesem Elende? Wer heilt die Pest? Wer nimmt den grausamen Tod weg? Niemand: ihr müßt nur, ihr Völker, ihr müßt in die Hände des HErrn fallen, euch wie David, seinem Willen ergeben, und die Ruthe küßen. Auch das Gebet der Heiligen hilft nicht, wenn der HErr also strafen will. Der Prophet darf nicht um Gnade bitten. Ob sie gleich fasten, sagt GOtt, will ich doch ihr Flehen nicht hören; und ob sie Brandopfer und Speißopfer bringen, so gefallen sie mir doch nicht: sondern ich will sie mit dem Schwerd, Hunger und Pestilenz aufreiben.

Wehe ihnen! Noch weher dem, den die Pest der Seele erschleicht! Der vor Vorurtheilen, und grober Unwissenheit, und Leidenschaften, und Lastern und Schandthaten stinkt!

Das

Das Ungeziefer.

Der Blüthe Tod, die Raupe und der Wurm,
Sind schädlich, doch ein Meisterstück des HErrn.

LXXXXVI.

Uraniens Liebling, der holde May, betritt, von seinem Schutzgott Apollo begleitet, die Bahn, die er in den angenehmern längern Tagen, doch allezeit viel zu hurtig für uns, durchwandert. Er streuet Blüthe und Blumen verschwenderisch aus und wird mit inniger Lust von den Menschen verehret. Kaum ist er da, so schwärmen schon die sumsenden Käfer um ihn, und aus den kleinen unsichtbaren Eyen entwickelt sich ein ganz unzählbares Heer von Raupen und Würmern. Sie scheinen zusammen

men verschworen und erklären sich für Feinde des lieblichen Mays. Laub und Blätter und Blüthe ersterben vor ihrem nagenden Zahn und dem Gifte mit dem sie die keimende Hoffnung des Jahres beflecken. Mit der sterbenden Blüthe verdirbt der künftige Herbst, und man hoffet vergeblich auf die durchzuckerte Pflaume, und die saftige Birne, und den schmackigten Apfel.

Der Gärtner und Landmann seufzen: doch eilen sie her mit Messern und Scheeren, mit Leitern und Stangen, und wollen den Zweig retten, den die Raupen umsponnen. Sie künsteln, und schneiden und brennen: aber öfters vergeblich und zu spat, weil sie die erste Brut nicht erstickten und sich das Geschmeiße, so nennen sie es, schier ins Unendliche fortgepflanzt hat.

Nur will lieber mancher tod seyn, als leben, wie der ungedultige Jonas, der sich über den Wurm erzürnte, vor dem der geliebte Kürbis verdarb. Doch verschafte der HErr den Wurm, der den Kürbis gestochen. Und der HErr schaft auch alle Würmer und Raupen, die die Blüthe verderben. Er ist groß im Kleinen und mächtig im Ungeziefer. Weisheit und Pracht und Mannichfaltigkeit bis zum Erstaunen findet man in dem beobachteten Wurm. Dieser ist nütze zu mehrern, als wir verstehen und glauben; er hält seine Zeit ordentlicher und wartet seinem Geschäfte emsiger, als der Mensch, der ihn verächtlich mit Füßen tritt. Auch bleibt er bey der einzigen Nahrung, die ihm gedeyht, und die Natur läßt ihn da gebohren werden, oder ans Licht kommen, wo er sie findet.

Verabscheuet sey und bleibe das Ungeziefer unter den Menschen, das andern Früchte raubet, selbst keine Früchte bringt, und zu dem sich billig das erstere Ungeziefer gesellet.

Die

Die Ueberschwemmung.

Die Auen gleichen einem Meere,
Das Wasser tritt aus seiner Sphäre,
Und Dämme hindern nicht den Lauf.

LXXXVII.

So wird das nützlichste der Elemente das Verderben der Welt. Die Himmel brechen, und der fürchterlich gewachsne Fluß stürzt sich über die Fluren hin. Schnell wird alles niedergerissen, des Landmanns froher Seegen und die trotzenden Mauern der Stadt mit den sichern Palästen. Menschen und Vieh und Güter schwimmen zerstreut in dem neuen Meere, und die Angst entseelt jene schon, ehe sie noch untergehen. So hilfreich und erfindsam die Menschen sind, so müssen sie ihre Lieben doch ohne Rettung lassen, oder mit ihnen in den Tod gehen.

So schwamm einst unser Ball in allgemeiner Fluth,
Die Erde floß, das Meer verdrang der Ufer Schutt,
Der Marmor selbst ward weich und strömte von den Höhen,
Und donnernd wälzten sich die aufgebirgten Seen.
Sieh dort ein zärtlichs Paar sich noch zuletzt umarmen;
Die Liebe weint um sie, die Fluth kennt kein Erbarmen,
Und reißt sie, halb entseelt in wilden Strudeln fort,
Und trennt sie noch im Tod. Ein Jüngling fliehet dort
Aetherschen Felsen zu, gewöhnlichen Gewittern
Zu hoch, vom Zugang frey, und hofft mit bangem Zittern
Von offnen Klippen Schutz; doch hier ist alles Meer.
O Anblick der entseelt! Dort stürzt ein wüthend Heer
Von Löwen, fortgewälzt, auf halb erstarrte Schönen,
Von Venus selbst gebildt, werth einer See von Thränen.
Wie wimmert menschlichs Ach! mit thierischen Geschrey
Erschröcklich untermischt und ruft den Tod herbey!
O sieh die Mutter dort die zarte Brust zerfleischen,
Und sterbend von der Fluth den zarten Säugling heischen,
Den ihr der Strom entriß, da er ganz unbewußt
Der drohenden Gefahr, die mütterliche Brust
Mit weichem Arm umschlang; sie sah mit süßen Fühlen
Die Hoffnung später Lust an ihrem Busen spielen,
Und kostete das Glück, das sie sich einst versprach,
Mit froher Ungedult zum Voraus. Aber Ach!
Da sie so zärtlich denkt und sich vergißt in Küssen,
Stürzt eine Well auf sie, das Kind wird fortgerissen,
Und speyt mit Fluth und Milch sein blutig Leben aus!
Sie reißt vom Schmerz entseelt mit tödlichem Gebraus
Ein gleicher Strom dahin, die angenehmen Lippen
Erblassen, und gespießt stirbt sie an schroffen Klippen.

Sehet euch vor, Sterbliche, daß der Himmel nicht gereitzt werde, mit Sündfluthen das Feuer eurer Begierden auszulöschen!

Die

Die Feuersbrunst.

Ein Wirbel treibt die Glut, die straks das Dach ergreift,
Die Flammen thürmen sich, die Hitze rauscht und pfeift.

LXXXVIII.

Das lang versteckte Feuer bricht endlich in helle Flammen hervor, und herrscht; von günstigen Lüften unterstützt, so tyrannisch und unumschränkt, daß es weder die Kunst der herbeyeilenden Helfer, noch die Wasser des Himmels bändigen können. Der erzürnte Aeol flog mit den bräusenden Winden, die er lang in der tiefen Höhle gefesselt hielte und nun der Bande entledigte, über die unglückliche Stadt hin. Nun wird die Noth allgemeiner. Ein Feuerregen verbreitet sich über die Stadt, und der entfernteste Einwohner ist in eben der Gefahr, in welcher sich die nächsten Nachbarn des entbrannten Hauses befinden. Alles räumt, alles eilt.

Das blasse Volk, das löschen will, erstickt,
Die Gassen deckt ein Pflaster schwarzer Leichen;
Und dem es noch, das Feur zu fliehen glückt,
Der kan dem Grimm der Trümmer nicht entweichen.
Wenn Phöbus weicht, weicht doch die Klarheit nicht,
Die Nacht wird Tag vom Leuchten wilder Flammen;
Den Himmel färbt ein wallend Purpurlicht,
Von Dächern schmelzt ein Kupferfluß zusammen.

Nun stürzen Häuser, und Dächer, und Thürne, und stolze Paläste über einander hin. Diese begraben den Geitzigen, der sich bey seinem Mammon verweilet, und den schlafenden Säugling, den die ängstliche Mutter in der Rettung der Nothdurft vergaß, und den preßhaften Alten, der vergeblich um Hülfe schreyt, die letzten Kräfte, vom nahen Tode ermannet, anspannt, und im schnell entzündeten Bette erstickt. Die überbleibende sehen erstaunt und betäubt, ohne Athem und ohne Gedanken, ihr Vermögen in die Flamme stürzen, ihren Vorrath im Rauch gen Himmel auffahren, und den Vulkan auf den öden Stätten wohnen, die vorhin ihr Eigenthum waren.

Wie viel ungerechtes Gut, wie viele Götzenbilder sind ins Feuer gefallen! GOtt steckte Lichter auf, daß ihr sehen sollet, ihr blinden Thoren, ihr nun nackigten Bettler, was eure Herrlichkeit sey, daß euer Kleid, und eure Pracht, und euer Palast nichts als Asche sey, die der Wind verstäubet.

Das

Das Erdbeben.

Die Thürne stürzen sich von ihrer Höh herab,
Der wüsten Städte Schutt wird ihrer Bürger Grab,
Und Eulen kommen hier zu wohnen.

LXXXXIX.

Ein unterirdisches Getöse verräth die bevorstehende Aufruhr der Erde. Die Quellen werden trüb, die Bäche und Flüße wanken aus ihrem Pfade, und das Drohen des sich schwärzenden Himmels vereiniget sich mit der Gefahr, die von unten her auf uns zueilet. Schon kommt der Schwindel in den Kopf der Einwohner, und schon brummen die nicht angezogenen Glocken in dem vesten Thurne. Der Träumende und Schlafende wird von dem Wiegen des Bettes erweckt; er springt

 auf,

auf, und es versagt ihm der gewohnte Tritt auf dem schwankenden Boden. Er sieht die höheren Häuser und Thürne stürzen; auch zittert sein Dach und drohet den Einfall. Eilends verläßt er Haus und Güter und Schätze, entlauft, und mit ihm, wer noch Athem und Kraft hat, ins freye Feld, wo er taumelnd vom Schrecken, wie vom Rausche, dahin sinkt. Inzwischen fällt die bewegte Stadt über den Haufen und schlägt sich und die verweilenden tod. Vor manchem, der noch entfliehen könnte, berstet die Erde und öffnet ein schröckliches Grab, in welches der Flüchtling, wie dorten die Rotte, versinket, ein stinkender Schwefeldampf erstickt ihn, ehe er noch hinunter in die Hölle kommt, vom trüben Lethe zu trinken. Auf dem Felde, wo die Erretteten sind, ist nach der Erholung vom ersten tödlichen Schrecken, Klage und Heulen, nagender Hunger und unabhelflicher Mangel. Hier wohnen verzweifelnde Menschen und brüllendes Vieh untereinander, alle unter einer Decke, dem noch mit Blitzen und Donnern und stürmischen Regen schwangern Himmel.

O wie viel Ruthen hat GOtt, die Menschen zu züchtigen! O Lissabon, Lissabon, welches Gericht des Allmächtigen vereitelt dein Blutgericht über die Ketzer! Und du Erde, unsere Mutter und Stütze, bist du denn nicht veste gegründet in der Schöpfung des Höchsten? Ja veste gegründet bin ich, spricht sie, aber nicht ewig geneigt, die Sünden und Bösewichter, und unnützen Lasten, die auf mir liegen, ruhig und sicher zu tragen.

Die

Die Geschäfte der Welt.

So vertheilt der Mensch die Zeit in die mühsamsten Geschäfte;
Sorgen, Haß, Verdruß und Neid mindern seine Lebens-
kräfte.

C.

Laßt uns die große Welt mit einem Blick im Kleinen überschauen, und im Bilde hier die menschlichen Thorheiten und Sorgen nur nach dem verjüngten Maasstabe sehen. Welche Unruhe, welch Rennen und Laufen, welcher Schweiß, was für Arbeit, was für Thätigkeit und emsiges Thun unter den Sterblichen! Und was treiben die Menschen nicht ums Geld? Welche anziehende Kraft hat nicht die bloße Hoffnung zum Gewinn? Sie graben, sie schlagen, sie hämmern, sie bauen,

bauen, sie kaufen, verkaufen, und handeln; ja sie verhandeln dir GOtt und sich selbst, um nur den Hunger nach Gold und Silber zu stillen; sie verkaufen, was sie nicht haben; sie leihen und borgen; sie machen Contracte, siegeln, verbürgen, beeidigen sie, und denken sie dennoch nie zu erfüllen. Das thut nur, meynst du, der niedrige Pöbel. Nein, Freund, auch der höhere Pöbel. Welche Begriffe, sagst du? Lieber, denke nach, es sind die wahrsten Begriffe, und der höhere vornehme Pöbel, der Pöbel der Prinzen, welchen Ausdruck ich vom Größten der Prinzen entlehne, ist der schlimmste und ärgste. Blicke nur hin auf die Versprechen und Eide der Großen! Oder blicke nur hin in den sechsspännigen Wagen, der dorten einherrauscht. Dich blendet das Gold, und der mit reichem Zeuche bedeckte Wannst flößet dir heilige Ehrfurcht ein. Mir nicht. Mein forschendes Aug dringt durch Kleidung und Gold, bis in die Adern, in welchen das unedle Geblüth fließt. Eben jetzt rennt der geschäftige Tagdieb vor der niedrigen Bude vorbey, in der sein Vater, noch in lumpichten Kleidern, den ersten Handel und Wucher trieb. Dann stieg er zum großen Kaufmann hinauf, banquerutirte, wurde reicher, ließ sich adeln, und erbte den Bauernstolz, doch mit Millionen, auf den jungen Baron fort, deßen Gemahlin ihm von dem liebenswürdigern Kutscher Erben verschafft, die sein güldener Wannst, den Trunk und Maitressen siech gemacht haben, nicht mehr erzwingen kan.

Dieß, Freund, dieß sind die Geschäfte der Welt. Zieh nur den Thoren die Larve vom Antlitz; dann siehst du in den Minen den Trieb der Geschäfte. Entkleide und entblöße sie ganz: und dann komme du, göttlicher **Rabner**, und schwinge die Geisel!

www.ingramcontent.com/pod-product-compliance
Lightning Source LLC
Chambersburg PA
CBHW020902230426
43666CB00008B/1284
* 9 7 8 3 7 4 3 4 2 3 1 2 1 *